「バカ売れ」POPが面白いほど書ける本

中山マコト

はじめに

こんにちは。中山マコトです。

私はこれまで20年以上にわたって、たくさんの会社や店舗の「広告制作」、「販売促進」、「マーケティング」を手がけてきました。

この本は、あらゆる商品を「バカ売れ」させるPOPの書き方をまとめたものです。

・ＰＯＰを書く時間なんてないよ！

・そもそも、どんなことを書けばいいの？

・センスがないし、書けないような気が……

⬅

そんなあなたでも１００％
売れるＰＯＰが書けます！

本書でご紹介する「バカ売れ」POPは、

・時間がなくても、
あてはめるだけで書けます

・幅広いバリエーションがあるので、
すぐに使えます

・センスがなくても、
事例満載で楽しく書けます

ではさっそく、
「バカ売れ」POPを簡単につくる
10の法則をドバッとご紹介します

これが「バカ売れ」POPを書くための10の法則です。

「バカ売れ」POPを書く10の法則

1 書き写す！
内容をそのまま素直に書き写す
例 涼しい酒そろえました。

2 ストーリーで落とす！
商品の生い立ち、こだわりを書く
例 40カ国のハチミツを食べ歩きました。

3 トレンドキーワードで落とす！
流行の言葉、話題の事柄で興味をひく
例 臨時ニュースをお伝えします！

4 数字で落とす！
「値段」「数字」を全面に出す
例 ５００円で３７２円のお釣りです。

5 生の声で落とす！
「思わず出た本音」を伝える
例 やっぱりさ〜、コリコリ感が違うよね。

この法則で楽しく簡単に書けちゃいます！

6 蘊蓄（うんちく）で落とす！
「知らなかったこと」を教えてあげる
例 ○○の意味、××だってこと、知ってました？

7 商品に自ら、語らせる！
商品に1人称で語らせる
例「私を食べると、元気になるかも？」

8 用途から発想する！
用途を掘り下げてみる
例 2人で飲むと、とってもうまい！

9 ネガティブな言葉を使いこなす！
あえてネガティブなことを言う
例 もう無理です。やめられません。

10 見慣れない文章で落とす！
普段使わない言い回しを使う
例 苦いお茶、ウマイ！

さっそく具体例をご紹介します！

法則①

書き写す！

冷たく冷やして飲めばウマイ！
そのことをズバリ伝えるために、
「かき氷」のビジュアルに書き写してみました。

売り上げは倍増しました。

法則②

ストーリーで落とす！

商品にまつわる物語（ストーリー）は一気に人の気持ちを引きつける力があります。

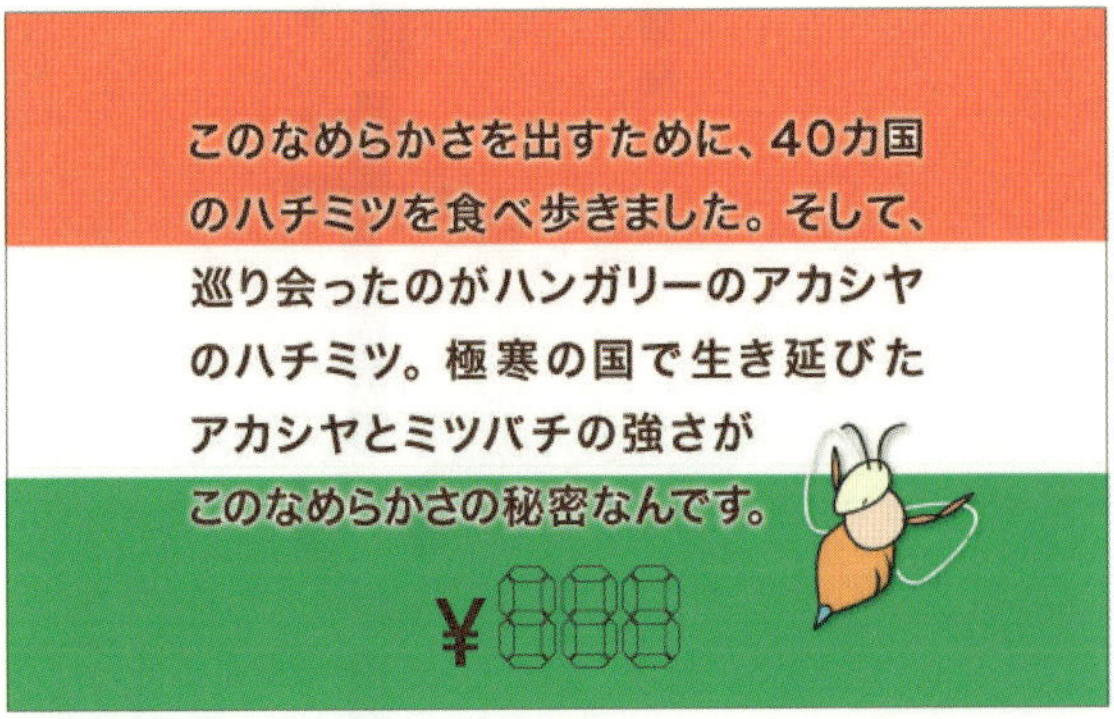
このなめらかさを出すために、40カ国のハチミツを食べ歩きました。そして、巡り会ったのがハンガリーのアカシヤのハチミツ。極寒の国で生き延びたアカシヤとミツバチの強さがこのなめらかさの秘密なんです。
¥888

このPOPは売り上げを5倍以上に増やすと共に、このハチミツをロングセラー商品にしてくれました。

法則③

トレンドキーワードで落とす！

まさに「朝のニュース」のように
POPをつくってみました。

臨時ニュースをお伝えします!
今朝、10時頃、朝の一便でヴォリューム満点、ダブルステーキ弁当が入荷しました。
大変人気の品なので、売り切れの予想が出ています!
お急ぎ下さい!
¥

20食の予定が、その2倍以上の
売り上げになりました。

法則④

数字で落とす！

数字はＰＯＰのリアリティを格段に上げてくれます。しかも「お釣り」の額を語ることで、お得感が生まれます。

このカップ麺は２倍以上の売り上げを達成しました。

法則⑤

生の声で落とす！

実際に食べたり飲んだりした経験がなければ絶対に書けないＰＯＰがあります。それがコレ。食べた瞬間に思わず漏れた実感をそのまま言葉にしています。

単品で５倍以上の売り上げアップを達成しました。

法則⑥

蘊蓄（うんちく）で落とす！

「お！」という驚きは人の心を引きつけます。驚くと、次には誰かに伝えたくなります。そして「驚きの連鎖」が生まれていくんです。

一気にファンが増え
リピート率 No.1食品になりました。

法則⑦

商品に自ら、語らせる！

商品を人に見立ててつくった「擬人ＰＯＰ」です。このＰＯＰの場合は、そこに物語までをも加えています。飲んでみたくて仕方なくなる！　そんな強力なＰＯＰです。

こんにちは、微糖珈琲です。
10月10日、島根のおいしい水でつくられました。
流れ流れて、このお店にたどり着きました。
せっかくの出会いです。
ぜひ、味わってみていただけないでしょうか？
¥
微糖珈琲
Coffee

販売予定の 2.8 倍を売り上げ
今もその勢いは続いています。

用途から発想する!

「こんな飲み方、食べ方があるんだよ！」という「提案型」の用途ＰＯＰです。やってみたくなるでしょ？

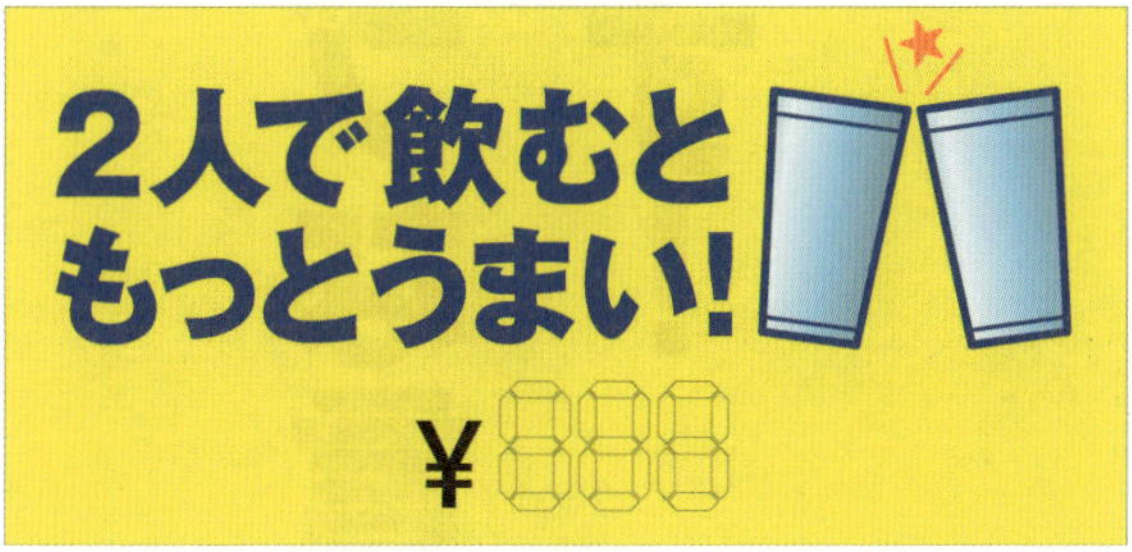

購入者の年齢幅も一気にひろがり、販売数量も2倍近くになりました。

法則⑨

ネガティブな言葉を使いこなす！

一般的には、ネガティブに感じる言葉を使うと、目新しい言葉になります。眼を引きつけます。どうしても覗き込みたくなるんです。

このPOPをつけた商品、
もれなく売り上げが上がります。

法則⑩

見慣れない文章で落とす！

「苦い！」のような、耳障りの悪い言葉を使って書いたＰＯＰは、注目を集めます。そして次には納得！　この流れが大事です。

このPOPをつけてから、まとめ買いする人が増えました。売り上げも3倍に迫る勢いです。

もくじ

第1章

お客さんを必ず引きつける「バカ売れＰＯＰ」の秘密、教えます！

第2章

「バカ売れPOP」の9つのルール

第3章

「売れるPOP」は「3つの仕組み」でつくれる！

第4章

2人の名人に学ぶPOPの極意

第5章

「バカ売れPOP」の簡単なつくり方「10の法則」

第6章

POPをさらに輝かせる「4つの見せ方」

付録

5ステップで楽しくつくれる!「バカ売れPOP」のコピーの書き方

カバーデザイン／伊藤康博（EVERGRAPHICS）
本文デザイン／吉村朋子（デジカル デザイン室）
本文イラスト／横ヨウコ
インタビュー協力／英生みちこ
POPデザイン協力／株式会社セプティ

「POP」って何のためにあるの？

あなたは「売れるＰＯＰの書き方」を知りたくて、この本を手に取りましたね。
では、ＰＯＰという言葉の意味、あなたはご存じですか？

「Point of Purchase Advertising」の頭文字をとったもの？
「購買時点広告」っていう意味じゃないの？

そう考えた瞬間に「アウト！」です。あなたの書くＰＯＰは、商品を、サービスを、
あなた自身を売ってはくれません。

ＰＯＰというのは……

P……パッと見て！
O……オ〜！　となって、
P……ピンときて、買っちゃう！

の略なんです。


つまり、ＰＯＰにはお客さんの足を止めるチカラが無いといけないし、見た瞬間に欲しくなるようなメッセージが込められていないといけない。

でも、そこを勘違いしている人が実に多い。

「貼ってあればいい」、「ただつければいい」ってものじゃないんです。

ＰＯＰが本来持っている、ものすご〜く重要な意味や役割を忘れているというか、考えてもいない人が多すぎます。だから、ＰＯＰが効力を発揮できず、ＰＯＰの価値が下がってしまうんです。

今の時代!
商品が、サービスが溢れています。多すぎます。
だから、誰もが選べなくって、困っています!

中山マコトです。

僕は、「プロの客」です。リサーチ業界に初めて身を置いて以来、仲間達でマーケティングの会社をつくりました。結局、そこから独立をしましたが、自由の身で仕事を続けている今の今まで、ずっと「プロの客」の目で、たくさんのお店や売り場を見てきました。

その僕ですら選べない。

売り場に行けば、似たような商品のオンパレード。

メーカーはそれぞれ自分の言いたいことを勝手に言い連ねるし、店は店で、自分達の売りたいものを推薦する。それはそれでよしとしましょう。商売ですから……。

でも、お客さんは困ってるんです……選べなくて。
選べなければ、買ってくれるわけがないですよね？
選ぶ理由がないから買うわけがない。だから、売れない。

あなたのお店では、
商品を取り扱う理由を持っていますか？

小売業のお店には、何千、何万という商品が並んでいます。そのどれもが、「自分を選んでくれ～」と主張しているように見えます。そうした中で、僕はどうにも納得いかない思いを重ねてきました。

それは、**「商品を取り扱う理由を、店の側が持っていない」**ということです。

もちろん商売ですから、「売れる商品を置いていないといけない！」という側面は当然あります。流行の商品は誰もが欲しいし、取り扱っていなければ、他の店に流れてしまうのは当然です。取り扱いが無ければ、「○○すら扱ってなかった店」という、レッテルを貼られてしまいます。

が、それはそれとして、店の個性とか「特徴」「カラー」ってどうやってつくられるのでしょうか？

お客さんを必ず引きつけるお店とは？

それは売れ筋以外の「あなたの店にしか無い商品」だったり、「あなたの店が、独自の考え方で仕入れた商品」でつくられるんです。

例えば仮に、あなたの店に１００の商品があるとしましょう。そのうち70くらいはベストセラーとかロングセラー、つまり定番商品ですね。これが無いとお客さんは納得してくれません。で、残りの30。つまり、あなたの店の独自の視点で選ばれた商品が、お店の個性を生み出すんです。

そうでないと、どこの店も同じに見えてしまうし、同じに見えるのなら、規模の大きい、歴史のある、名前の知れた、安く売ってくれる店に流れてしまいます。

でも決して、そういう店だけが勝っているわけでもないし、ベストセラーを置かないでガンガン売り上げを伸ばしているお店だって実は沢山あるんです。

そしてここが一番のポイントなんですが、**その30％の商品を取り扱う理由を、あなたはお客さんに語れますか？**

あなたがお店の責任者、あるいは食品売り場の商品担当者で、「味噌」を取り扱っているとしましょう。もし、あるお客さんがこう訊いてきたら、あなたはどう答えるでしょうか？

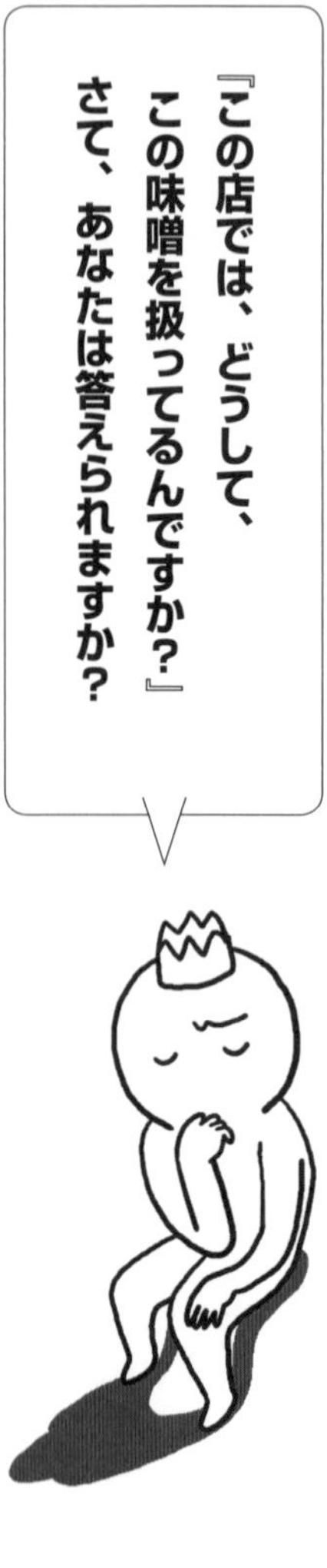
『この店では、どうして、この味噌を扱ってるんですか？』
さて、あなたは答えられますか？

世の中に、まさに数限りなく、山のように存在する、「味噌」。その味噌の中から、よりどりみどりの中から、あなたの店がその「味噌」を選んだ、つまり、マーチャンダイズした理由。それが無いのはおかしいですよね？

少なくとも、「今、売れてますからね～」とか、「これ、利益率がとても高いんですよ～」とか言えないですよね？　だってそんなの、お金を出して買ってくれるお客さんの側から見たら、何の関係もないことです。

そんなものは「つくった側」、「売ってる側」の勝手な理由であり、お客さんが「その味噌」を選ぶ理由にはなりません。

ここがポイントです。

もしそこで、あなたが、

「この味噌は、当店独自の視点で、この部分を評価し、お客さんに満足していただけたり、喜んでいただけると信じたから……」

という理由があったり、あるいは、

「いろんな味噌をスタッフで試してみたんですが、スタッフの言う、こうこうこういう特長を、お客さんにも知ってほしいと思って……」

という理由を提示することができれば、少なくともお客さんがその商品というか、アイテムを選ぶ理由ができます。

なぜかというと、その「視点」は他の店にはないものだからです。

「だから何なの?」に答えてあげるのが、POPの役割

よく味噌や醤油のセールスポイントとして、「減塩」と、書いているケースを見かけます。一見、意味がありそうで、買いたくなる気がします。でも、ダメなんですよ。「減塩」なんて、いくらでもある。単なる商品の属性であり、特長です。

そうではなくて、「お客さんが知りたいのは何か?」といえば、「減塩? だから何なの?」ということなんです。

その「だから何なの?」という疑問に答えてあげるのが、POPの役割なんです。

選ぶ理由を教えてあげるわけです。

○○だからコレを選ぶべきだよ！　あなたにはコレがピッタリなんだよ！

そんな、選ぶための納得できる理由を教えてあげる。それがすべてです。

例えば、『血圧の高い家族のいる家庭専用のお味噌です！』と教えてあげる。『減塩！』だけでは、な～～んにも、「ピン！」とこなかった人も、これで「お！我が家のことジャン！」と気づくんです。あるいは、「減塩」を離れて、『この味噌と○○の味噌を合わせるだけで、専門店の合わせ味噌のできあがり！』と教えてあげる方向もありますよね？　料理好き、本物志向の奥様達には、コッチが響くでしょう。

つまり、**お客さんが選ぶ理由というのは、それぞれ違う**ということ。

僕は、この選ぶ理由を「気づきポイント」と呼んでいますが、この「気づきポイント」は、人それぞれ違うんです。だから、商品やサービスが持っている、「強味」「特長」を、しっかりと吟味し、拾い上げ、

「コレを選ぶべきだよ！　あなたにはコレがピッタリなんだよ！」と気づかせてあげないといけない。それこそが、**お客さんが求めている「選ぶ理由」を教えてあげることであり、ＰＯＰの役割**なんですね。

それができれば、自分達が苦労して選び抜いた商品を、お客さんに選んでもらえるのですから、大きな喜びを感じるはずです。

そして、話は戻りますが、この「店がその商品を選んで、売り場に置いている理由」は、30％のすべての商品に対して無いといけないんです。

そしてその理由は、絶対に「お客さんの目線で語られること」でなくてはいけない。それが店の醸し出す、メッセージ性であり、お客さんを引き寄せる磁力になるんです。

「お客さんの気持ちを揺さぶるＰＯＰ」を書こう！

僕はこれまで、マーケティングという世界の中で、コピーライティングの仕事を沢山やってきました。そしてその大きな仕事の1つに、「ＰＯＰ」のコピーライティングという仕事があります。そして数限りないPOPを書いたり、書き方を指導させていただくなかで、ある「法則」を発見しました。
その法則とは、実に簡単なものです。

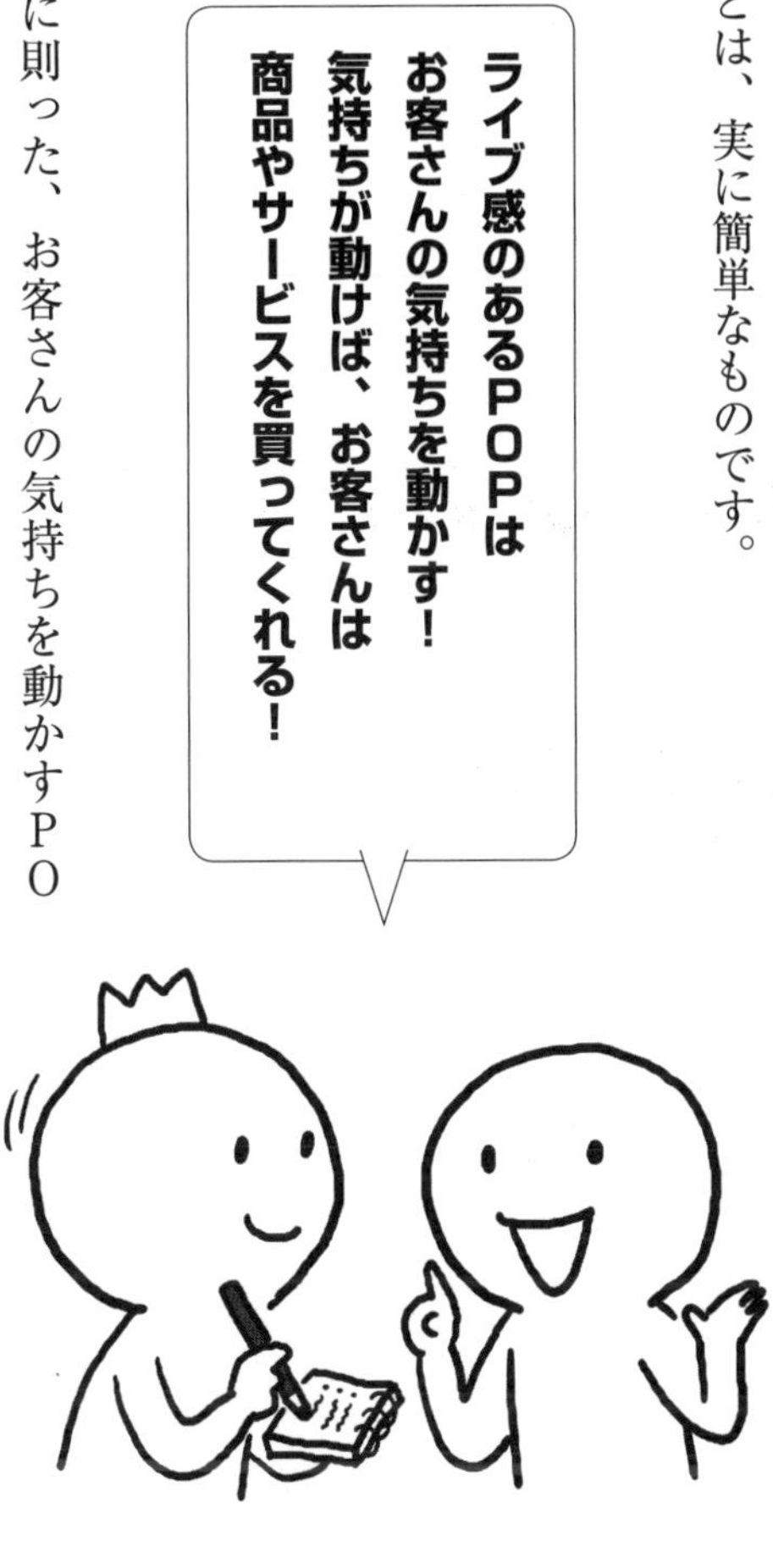
ライブ感のあるPOPは
お客さんの気持ちを動かす！
気持ちが動けば、お客さんは
商品やサービスを買ってくれる！

この法則に則った、お客さんの気持ちを動かすPOPのことを、『LIVEPOP（ライブPOP）』と名づけました。このライブPOPこそが、商品やサービスの売上をドーンとアップさせる「バカ売れPOP」なんですね。

ライブとはもちろん、ミュージシャンとかアーティストなどが行なう、アレ。送る側と、受け取る側が一体になって、えもいわれぬパワーのある空間をつくり出す！

この本の中では、単に売り込みスタイルのＰＯＰではなく、メーカーが勝手につくって送り込んできたＰＯＰでもなく、お客さんの気持ちに波を起こし、商品を手に取り、レジまで持っていかないと気が済まなくなるライブＰＯＰの書き方をすべて伝授します。

では、あなたの店の売り上げを激増させ、ファンを続々生み出す、「ライブＰＯＰ劇場」の始まりです。

第1章

お客さんを必ず引きつける「バカ売れPOP」の秘密、教えます！

1

「売れるPOP」には理由がある

「売れるPOP」には臨場感がある

ＰＯＰの意味、もう一度おさらいしましょう。

Ｐ……パッと見て！

Ｏ……オ～！　となって、
Ｐ……ピンときて、買っちゃう！

でしたよね？

そしてその、お客さんの気持ちを揺さぶるＰＯＰのことを、僕は「ライブＰＯＰ」と名づけました。

「ライブＰＯＰ」は僕の造語ですが、この「ライブ」という言葉には、ある深い思いが込められています。

それは、「臨場感」が生まれるということです。

ある ホームセンターでの事件

ある日、僕は、某巨大ホームセンターからの依頼で、女性向けの「シャンコン」、つまりヘアケア商品の売り場の強化プロジェクトをやっていました。

そのプロジェクトにはいくつかの有名企業も参加していて、そのメーカーと一緒に売り場をつくってみる……。ま、実験みたいなことをやったんです。

各メーカー、デザインを凝らした素晴らしいPOPや棚帯、小ポスターなどを用意して、臨戦態勢バッチリです。

スタートしてから2日。思ったほど売れません。売り場は華やかなんです。POPだって、各社の個性が溢れた素晴らしいPOPが沢山貼ってある。

でも……売れない。僕はその「売れない理由」がどうしても知りたくて、お客さんに声をかけて、「貼ってあるPOPの評価」を訊いてみました。

すると、驚くべき答えが返ってきました。

それは**「POPがキレイ過ぎて、感情が伝わってこない！」**というものでした。しかも、同じようなことを言ってくれたのは1人や2人ではなかったんです。

そこで僕は、ある仲良しのメーカー担当者と連絡をとり、僕のアシスタントの女子大生に頼んで、「あること」を実行しました。

➊書き写すだけで、こんなに変わった

そのあることとは、POPを書き写すこと。つまり、模写です。

メーカーが制作し、店に送ってきたPOPを、内容・文面はまったく変えずに、そのまんま、ホームセンターの「POP用紙」に書き写させたんです。そしてその、単に書き写したPOPをそのメーカーの売り場にペタペタ貼ってみたんです。

すると、信じられないことに、たくさん売れました。火がついたようにその売り場の商品から次々に売れていく。

一方、メーカーのつくったキレイなPOPを貼り続けている売り場は一向に売れま

せん。そのとき、僕の頭の中に、一瞬にして答えが浮かびました。

キレイに印刷されたPOPは「広告」だけど、手書きで書き写したPOPは「メッセージ」になるんだ。

その日からです。僕の気持ちに火がついたのは。それから僕は、指導先の小売店、メーカー、コンビニの本部と組んで、売れるPOPづくりに心血を注ぎました。そして沢山の「法則」を見つけてきました。その「法則」の中心をなすのが、「ライブ（臨場感）」という考え方です。ライブには、「2つの大きな効用」があるんです。

臨場感を生み出す2つのカギ

①その場だけでしか体験できない、ワクワク感とかサプライズ感
②自分だけに語りかけてくれているというマンツーマン感とか一体感

以下、それぞれに関して詳しく説明しますね。

まず、**「その場だけでしか体験できない、ワクワク感」**です。

ライブというのは、その場に居合わせた人だけが味わえる体験が満載です。アーティストのサプライズ発言であったり、ライブ限定の曲の披露であったり、特別ゲストの登場であったり。そんな、**その日、その場所に居合わせた人しか経験できない「特別感」**があるんです。その「特別感」がライブの醍醐味です。

よくアーティストのライブなどで、後々ＤＶＤが発売されたりしますが、所詮、現場の臨場感にはかないません。その日、その場所に居た人しか知り得ない秘密が沢山ある。アーティストの側からしても、その場だけのサービスを沢山繰り出すし、だからこそ同じ場所に居た人だけの「特別扱い感」が出る。

この「特別扱い感」が「あ！　特別扱いをされてる！」という実感になって、ますます強固なファンになっていくんです。

そして2つ目、**「自分だけに語りかけてくれているというマンツーマン感」。**

これもとても大事です。DVDとかビデオでは、不特定多数の人が同じ体験をしているという感覚ですが、**ライブの場合は、基本的にアーティストとファンが、1対1で向き合える感覚があります。**

つまり「自分だけに語りかけてくれている」という、マンツーマン感がすごいんです。

僕は、この2つの感覚を総合した、「ライブ感溢れるPOPがつくれないだろうか？」と考えたんです。

どうにかして、売り場に置かれているPOPに、「ワクワク感」と、「マンツーマン感」が出せないものだろうかと、考えたんです。

3つのキャベツ、どれを買いたいですか？

さて、先ほどお話したワクワク感とマンツーマン感とは、どうすれば生み出せるのでしょうか？　さて、ここで突然ですが、キャベツの話をしますね。

あなたは、

A：『朝採れキャベツ：98円』
　と書かれたPOPと、
B：『今朝採れた、田中さんのキャベツ：98円』
　と書かれたPOP、
　それから、
C：『やっと、この売り場に到着しました。生でも茹でても、あなたに食べていただくのを待っています。：98円』と書かれたPOP

この3つのどれに反応しますか。

もちろん、「C」ですよね？

どうして気持ちが動いたのか？

ではどうしてあなたは、「C」に反応したのか？

答えは簡単！「ワクワク感」と「マンツーマン感」を感じたからです。

『朝採れキャベツ：98円』

というのは、単なる事実。どこにも「ワクワク感」「マンツーマン感」が込められていません。

『今朝採れた、田中さんのキャベツ：98円』も同様。

「今朝採れた」という、フレッシュさを表す言葉が使われていますが、でも、それも単なる事実。

ところが、

『やっとこの売り場に到着しました。生でも茹でても、あなたに食べていただくのを待っています。：98円』

にはワクワク感・マンツーマン感があるんです。
「早く届けたい！」「美味しく食べてくれる人に、早く会わせたい！」、そんな育てた人の思い、売り場に陳列した人の思い、さらには「キャベツ君」の思いまでが、そこには詰まっています。だからあなたの「気持ち」を動かしたんです。

これが、ライブＰＯＰのチカラであり、価値です。気持ちが動くことによって、「ワクワク感」と「マンツーマン感」が生まれたんです。

ライブＰＯＰには、人の気持ちを動かすチカラがあるし、逆の言い方をすれば、「気持ちを動かさないＰＯＰはライブＰＯＰでは無い！」ということになります。
気持ちが動くから、欲しくなる。食べ物だったら、食べたくなるし、飲み物だったら飲みたくなるし、サービスだったら試してみたくなるし、道具だったら使ってみた

くなるんです。

要は、そのPOPを目にした途端、その商品とかサービスを体験している自分が一瞬にしてイメージできる。これが、メーカーとかがつくって送ってくるPOPだとそうはいきません。

「新発売！」↓あ、そう？

「○○茶葉使用！」↓ほかの茶葉とはどう違うの？

ワクワクしないし、マンツーマン感なんて、どこにもありませんよね？　だから欲しくならないし、使ってみたくならない。

どうです？　まさに、その場にいる「臨場感」をつくり出すのが、ライブPOPの役割なんですね。

次項では、僕が指導をさせていただいている、ある土産物屋で、ライブPOPが起こした「奇跡」についてお話ししましょう。

2

たった1枚のPOPで生まれ変わった土産物屋

「売れないお店」には「売れない理由」があった

ある地方のターミナル駅に、かなり大きな土産物売り場があります。この土産物売り場、とにかくスペースは広くて、商品も沢山陳列してあります。

でも、少しずつ少しずつ時間をかけて、売り上げを落としてきたんです。

もちろん、商品セレクトの問題もあったでしょう。

ですが、一番の原因は、販売担当女性スタッフの「やる気」と「売る気」が著しく低下していたことでした。だって、「売り場をどうすべきか?」をそっちのけで、いわゆる「派閥争い」みたいなことばかりやってるんですから……。

誰もお客さんを「見ていなかった」

ある日、電鉄系の会社の管理職の方の紹介で、僕がその店に訪れたとき、その土産物売り場の「お酒売り場」でこんなシーンを見かけました。

ある女性客が、お店に入ってきて、一通り店内を歩いた後、お酒のコーナーに向かいました。いくつかの地酒のボトルを手にとり、眺め、結局棚に戻す……という行為を繰り返しています。何度も何度も同じような行為を繰り返しているんです。僕の目には、その女性が何らかのお酒を探しているようにしか見えません。

でも、その売り場にいた女性販売員の誰ひとりとして、その女性客に声をかけませんでした。お客さんのほうを見てはいるのに、何ひとつ、アクションを起こさない。数分後、その女性客は、何も買わずにお店を出ていってしまいました。

僕はその瞬間、ある決断をしました。簡単に書類をまとめると、オーナーを電話でつかまえ、ある提案をしました。オーナーは快く承諾してくれました。

⬇お客さんと従業員を「つなげる」工夫

翌日、店に出かけた僕はマネージャーを呼んで、こう宣言しました。

「今日から、お土産アドバイザー制度を導入します！」

これは、その店独自の内部資格として、「お土産アドバイザー制」を導入し、スタッフ全員にネームプレートをつけてもらうものです。さらに、店内の至る所に、

「お土産アドバイザーが、お土産のあらゆるお悩みにお答えします。遠慮なくお声をかけてください！」

と書かれたポスターを貼りました。

そうすることで、お客さんは従業員にいろいろと相談しやすくなるし、従業員も商品について一生懸命勉強しないとお客さんの質問に答えられない。「その努力を惜しむようなスタッフは辞めていただいて結構！」という大英断でした。

実はその一ヶ月前くらいから、僕はその土産物屋の女性スタッフ全員と、個別に面

談をし、1人ひとりの思いを聞き、お互いの見方・考え方についても把握していました。彼女らのやる気の無さは、全員に共通のことではなく、「派閥をつくりたがる一部のベテラン女性従業員が誘導していること」に気づいていたんです。

もちろん、一時的にはかなり揉めました。が、何とか新しいスタイルでスタートすることができました。半数くらいの人が辞めていったでしょうか。それ以降、残った女性販売員の胸には、誇らしげに**「お土産アドバイザーバッジ」**が輝いています。

臨場感のあるPOPが生まれた瞬間

僕はまず、各スタッフ全員に一本ずつの棚（たな）を与えました。吉田真理子さんというスタッフなら、「お土産アドバイザー……吉田真理子のオススメコーナー」という棚を用意したんです。

そして「自分の棚に、自分がオススメの商品を集中して陳列し、その理由をキチンと書いてごらん！」と指示をしました。

みな、目の色が変わりました。**気になっていた商品を自分のお金で「買い、食べ、飲み、使い」、そして、その理由を手書きのPOPで表現する**ようになったんです。

最初に、具体的なPOPをつくって貼ったのは、27歳の女性、S美さんでした。「キノコの瓶詰め」を数点、ひとつのコーナーに集中陳列して、そこに大きな手書きの文字でこう書いたんです。

『山歩きの達人が、山で巡り会ったキノコ、ギュッと詰めました。』

売れました。単品ベースで、それまでの10倍近く売り上げがあがりました。

これ、当然です。それまでは何にもやってなかったんですから。

でも、彼女たちの快進撃はそれでは止まりませんでした。上司にお願いをして、出張に出たいというスタッフが、何人も出てきました。

「生の声をお客さんに聞かせたい！」

「何をしたいのか？」と訊くと、酒蔵とか、メーカーの商品開発者に会いたいと言うのです。「会って、実際に商品をつくる人の気持ちに触れてきたい。その生の声をお客さんに聞かせたい！」と言い出しました。

その辺りから、売り場全体がどんどん活気づきました。売り場全体に「ライブPOP」が飾られ、まさに臨場感のあるライブな売り場に変身していきました。

彼女たちに託したそれぞれの売り場が、別々の個性を持って輝きだした瞬間でした。

今では、彼女たちにそれぞれのファンがつき、毎日、仕事が楽しくて仕方がありません。離ればなれに並んでいた商品を共通項でくくった「売り場編集」なども自発的にやり、成果が上がると、次のアイデアを実現していくようになりました。

彼女たちは今、しみじみとこう語ります。「作った人、売る人、買ってくれる人。この3者の気持ちをピッタリと合わせるのが楽しくて仕方がない」、と。

3 POPのバリエーションが「買いたいモード」に火をつける

いつも「新しいPOP」をつくろう

POPには「これが正解!」という書き方なんてありません。ひとつの商品にも、売り物とか、伝えなければいけないことはいくつもあるし、「どの部分をクローズアップするのか?」に関しても、その商品やサービスを扱う人次第です。

でも、絶対にやめて欲しいことがひとつだけあります。

それは、「ひとつのパターンにこだわり続ける!」ということです。**「POP」の世界にも、変化が必要なんです。**高名な著者の書いた本とかが売れると、その本の「成功パターン」をみんなが真似します。するとどうなるでしょう。

似たようなPOPだらけのお店では……

そう、店全体が同じパターンのPOPで溢れるんです。

よ～く考えてください。どの売り場に行っても、同じパターンのPOPしか貼られていないという状態をイメージしてみてください。

お客さんは飽きるんです。


「またこれか？」「ここも、このパターン？」

「最近、コレ多いよね？」

「もう少し新しいの無いの？」

と感じるんです。

同じパターンのPOPばかりが並んでいると、お客さんの気持ちの中に、**「どうせ、新しい内容なんて書かれていないんだろうな！」という「慣れ」**が生じます。そうすると、いくら工夫して書いても、しっかりと読んでもらうことができないんです。

⬇お客さんの「買いたいモード」を高めていこう

ではどうすれば、あなたが一生懸命書いたPOPを読んでもらえるのか？

その答えが、「バリエーション」なんです。つまり、**「いつも新しい視点のいろんなタイプのワクワクが、店内に散りばめられている！」状態をつくる**ことなんです。

あっちの売り場には、あんなワクワク。こっちの売り場では、こんなワクワク。

そういう、いろんなパターーンの「ワクワク攻撃」を受けることによって、お客さんの、「買いたいモード」はどんどん高まっていくんです。

つまり、ライブ感が湧き起こるんです。でもこれが、どの売り場に行っても、同じパターーン、見たことのあるような表現だと、気持ちが動かないんです。

僕はよく、「既視感」という言葉を使いますが、人は、「どこかで見たような気がするな〜」というものをじっくり見ようとはしないんですね。スルーしてしまう。

だから、バリエーションを沢山持って、その場その場に最適な表現を見つけていく必要があります。そのためにも、この本のいろんなメソッドを身につけていただいて、使いこなしていってください。

POPのバリエーションを増やそう！

×似たようなPOPだらけのお店

- お客さんに「またこれ？」と飽きられる
- 売り場の「新鮮さ」がなくなる

↓

○常に「新しいPOP」があるお店

- お客さんに「ワクワク感」を与えられる！
- 売り場に「新しさ感」がでてくる！

「新しいPOP」をつくることで、いろんなタイプのワクワク感がお店に散りばめられている状態になるんです。

4 メーカーがつくったPOPはすぐゴミ箱へ

「キレイなPOP」がダメな理由

かなり、「過激」なタイトルをつけてしまいました。が、それには、ちゃんとした根拠があるんです。これから、その理由をお話ししますね。

小売店には、毎日、山のように宣材、販促物が送られてきます。どれも、お金をかけた、印刷物としては素晴らしいものばかりです。ですが僕にはとても大きな疑問があります。

「このキレイにデザインされ、素敵に印刷されたツールは一体どれだけ、お客さんの気持ちを動かすことができるのでしょうか？」

こうした疑問です。その疑問が高じて、あるとき、スーパーのお客さんに対して、リサーチをしてみたことがありました。細かなデータは今、手元にはありませんが、結論を言うと、**「キレイな印刷物は、宣伝臭がして、どうしても敬遠してしまう！」**という答えでした。

冒頭のホームセンターの例でもお話しした通り、同じ内容でも手書きで書き写しただけで、販売力が大きく増すのなら、その考え方の延長に、いろんな方法があるんじゃないか、と考えたんです。

確かにキレイな印刷物は、売り場が華やかになるし、目立つことは間違いありません。ですが、見方を変え、お客さんの立場から見ると、どれも「宣伝」であり、「広告」なんです。

ですから、目に入ってきたとしても、実際にはスルー。つまり読んでくれない。これ、致命傷です。

よかれと思って、**手間とお金をかけて作った販促ツールが、「いかにも広告に見える」というだけで、読まれずスルー**されているのだとしたら、それは本末転倒。とても悲しいし、もったいないことですね。

⬇「読ませるPOP」をつくろう

だから、「読ませるものをつくらないといけない！」というわけです。

そして、その読ませるための最大の武器が「ライブ感覚」。書かれている内容に、その世界に一瞬にしてのめりこみ、気持ちがひとつになってしまう。そんなメッセージです。

ですから反発を承知で、敢えて僕はこう言わせていただきます。

メーカーがつくったＰＯＰはすぐゴミ箱へ。

5 「短ければよい！」の嘘

短い必要なんて、どこにもない

よく「ＰＯＰの文章は短ければ短いほどよい！」という声を聞きます。これ、まったく根拠のない嘘なので、忘れてください。ＰＯＰはテレビＣＭとは違うんです。

テレビのＣＭの場合は、15秒とかせいぜい30秒とかのワクの中での勝負になります。最近は、インフォマーシャル的な生コマと、一般のＣＭの中間のようなものも出てきましたが、あれはまだまだ特殊な世界です。（ニキビケアの「プロアクティブ」なんかがそれにあたりますね。）

その15秒とか30秒の中で、言いたいことを一気に言わなければいけないテレビＣＭは、どうしても語れる文字数の制限を受けてしまいます。ちょっとでも余計な内容を入れようとすると、壮絶な、「時間ワクの奪い合い」がやってきます。

ＣＭというのは、莫大なお金がかかる広告手法です。ですから１秒の価値が他の広告手段とは、はるかに違います。結果、「その短い」限られた時間の中で、大きな効果を生み出す能力を持ったコピーライターが重用され、短いワードで、「ズバリ！」と語れる人が優秀だといわれる由縁です。

では、ＰＯＰの世界はどうでしょうか？　20秒だけ考えてみてください。

ハイ！　20秒たちました。そう、短い必要なんて一切無いんです。こんな実例があります。

「ギッシリと書いたＰＯＰ」の実例

あるドラッグストアの、コンタクトレンズ売り場。

それまでお店がつくっていたＰＯＰには、実に短い情報しか書かれていませんでした。でも、どう読んでみても、その商品の新しさとか、面白さが書かれていません。

僕は店の販促担当にそこをズバリ訊ねました。返ってきた答えは、「ＰＯＰ用紙が小さくて、ギッシリ書くと読みづらくなるので……」というものでした。

本末転倒！　話になりません。僕は言いました。

「伝えるべきことを伝えないのなら、やらないほうがいいよ！」

そして、アルバイトの女の子を使って、POPを書き直しました。そのPOPには、あえてネガティブな内容を、小さな字でギッシリと言葉を詰め込みました。


「選び方を間違うと、眼を傷つけることもあります！　メリットもあるけど、デメリットもある。それがコンタクトです。ぜひ、慎重に選んでください！」


そして、「どんな反応があったのか？」といえば、興味のある人は、覗き込んで読んでくれました。そして、ちゃんと読んだ上で、購入してくれました。

人は自分に必要な情報は、積極的に取り込もうとするんだ！

そんな、あたりまえと言えばあたりまえの反応がそこにはありました。それ以降、その店では、名刺サイズに毛の生えたような小さな小さなショーカードに、ギッシリと大事な情報を書くようにしました。

そのPOPは、「ライブカード」という名称で、今も売り上げを上げ続けています。

6 「派手なほうがよい！」の嘘

「目立てばよい！」でPOPをつくらない

「POPは派手であればあるほどよい！」

そんな誤った常識、僕はこれを「呪い」と呼んでいますが、これがはびこっています。確かにPOPというのは、商品に目を引きつけるためのツールのひとつです。AIDMA（アイドマ）理論でいうところの、「A」、つまりアテンションです。が、本当にそうでしょうか？

僕は、**「目立てばよい！」というのは、POPの数ある役割の中の、たったひとつでしか無い**と考えています。

例えばこう考えてみましょう。

「商品を目立たせたい！」「そこに目を向けさせせたい！」

その思いは、すべての人が共通して抱いている思いです。が、もしすべての人が同じことを始めたとしたらどうでしょうか？

「シンプルだから売れた」デザインとは？

ホームセンターのカップ麺売り場をイメージしてください。元来、カップ麺というのは、とても回転が速い商品。つくって、売り場に並べて、ほんの数週間で売り場から消えていくアイテムがほとんど。ロングセラーになるのなんて、ほんのわずかです。

ですからとにかく、パッケージからPOPまで、派手に派手を重ねた派手合戦に陥ってしまいます。

でも、よ～くその売り場を観察してみると、あることに気づきます。それは、あるシンプルなデザインの商品が、ずっとずっと売れ続け、売り場に君臨しているということです。

それはカップヌードル。

そう、日清の大ロングセラー、カップヌードルのパッケージデザインは、他の商品が満艦飾《まんかんしょく》ともいえる派手な色づかいをしている中で、実にシンプル、まさに、「異色」です。でも、周囲があれだけ派手に飾っていると、結局、カップヌードルのようなシンプルなデザインが目立つし、信頼感を抱かせることもできるんです。

これこそが、目立つ秘訣なんですね。

➊ほんとうの「目立ち感」はこうしてつくる

目を転じて、清涼飲料売り場を見てみましょうか?

ここも同様! ジュース系、お茶系、はたまたミネラルウォーターの売り場に至るまで、かなり派手なパッケージが並んでいます。特にジュース系のパッケージの派手さは、近年凄まじい勢いを見せています。

しかしここでも、実にシンプルで、でも、圧倒的に存在感を誇っている商品があります。

それはカルピスです。

最近でこそ、プレミアム系の濃い味、ロイヤルミルクカルピスなど、多くのバリエーションが生まれていますが、基本は白にブルーの水玉。すべてのパッケージデザインが、実にシンプルに考えられています。

そのシンプルなスタイルはずっと変わりませんし、そのシンプルさゆえ、売り場での存在感は抜群です。

ここでは、カップヌードルやカルピスのデザインの善し悪しについて論じる気持ちはありません。そうではなくて、大事なのは、「目立ち感」というのは、あくまでも「周囲との相対的な関係」の中で成立するものだ、ということです。

「目立ち感」は周囲との関係で決まるんです。

単に、ひとつの商品のパッケージとかPOPを派手にしてみても、周囲の環境次第ではかえって目立たなくなってしまうし、埋もれてしまうんです。いっとき、女子高

生の間で、「ヤマンバメイク」というのが流行しましたが、あの派手なメイクも同じような顔をした女子高生が沢山いるなかでは決して個性にはならず、ましてや目立つこともなかったはずです。

ですから、あなたがＰＯＰを考える際も、このことを忘れず、必ず「周囲の環境」を視野に入れた判断をして欲しいんです。**周囲に派手な色づかいとかデザインが溢れているなら、シンプルな装飾のほうが間違いなく目立ちますし、周囲が結構地味でシンプルな傾向があるのなら、少しは派手な方向を考える。**

そうした「いつも相対的な位置づけを考える」、ある種の柔軟性が必要なんです。

売り上げを上げるため、と考えると、どうしても「ＰＯＰをつけること」が目的になりがちですが、実はそうではありません。

ＰＯＰはあくまでも、あなたがすすめる商品に、あなたの思いを込めて、お客さんに伝え、気持ちを動かすための手段です。そのためには、その商品にとっての最適な衣装としてのＰＯＰの見せ方を、いつも意識して欲しいんですよ。

第2章

「バカ売れPOP」の9つのルール

1 POPで商品が売れる「メカニズム」

「お客さんが知りたいこと」を教えてあげよう

1章でもお話ししましたが、商品やサービスを取り扱う側は、**「どうしてそれを扱うのか?」という明快な理由を持っていないといけません。**つまり、「自分達はこうこういう理由で、この商品を扱ってるんだよ!」という意志表示です。

仮に、あなたがお客さんとしてどこかの店の売り場に立っているとしましょう。売り場には沢山のPOPが飾られている。でもそのほとんどが、「メーカーがつくって送り込んできたPOP」や「店長のオススメ!」といった、ありきたりで、なんの思いもこもらない売り場だったとしましょう。そんなとき、あなたが感じるのは、「あ、ここ、売り場じゃなくて置き場だな！」という印象ではないでしょうか？

でも、そこに、お店の意志や考え方を示す、「ライブＰＯＰ」が沢山貼ってあって、いろんな角度からメッセージを伝えてくれるとする。するとあなたの中にはこんな感覚が芽生えてきます。

「この店の考え方は面白い！
ほかとは違う！　試してみよう！」

つまりその瞬間に、お客さんとしての「意志」が生まれるんです。その「意志」を生み出すお手伝いをするのが、ライブＰＯＰです。

それからもうひとつ。これが実は大事なんですが、**その店でしか接することのできないＰＯＰがあると、「感謝の気持ち」が生まれるんです。**「ほかの店では聞けない話が聞けた！」とか、「ほかの店では教えてくれなかった情報を教えてもらった！」という、気持ちですね。

「お返ししたくなるPOP」をつくろう

これ、あなたにとってはとても有利です。心理学の世界では、「返報性の原理」というのがあります。返報性とは、**「恩を受けたら返さないと気持ちが悪い！　そのまま放置していると寝覚めが悪い！」という感覚**です。ですから、ＰＯＰを通して、新しい情報や役立つ視点を教わると、何らかの形で返したくなる。

さて、その「返したくなる！」という感情が芽生えたら、人はどんな行動をとるでしょうか？

そう、買ってくれるんです。リピートします。ほかの人に、クチコミするんです。だから、独自の方法でＰＯＰを書くことが必要になるんです。これが、売れるＰＯＰのもつチカラであり、ＰＯＰで商品やサービスが売れていくメカニズムなんですね。

2 「お店の意志」を売り場に出す

「グッドチョイス」をお客さんにしてもらおう

「どうして、店の意志が売り場にないといけないのか?」といえば、答えは簡単です。お客さんに、「Ｇｏｏｄ Ｃｈｏｉｃｅ（グッドチョイス）」をしてほしいからです。日本では、お買い物を済ませてくれたお客さんに対して、「ありがとうございました!」という挨拶をします。ごくごくあたりまえに、どこの店でもそれが行なわれています。

しかし、本当にそれでよいのでしょうか?

確かにあなたにとっては、「商品やサービスを買ってくれる」という「ありがたいこと」が起こったのですから、「ありがとうございました！」でよいと思います。ですが、ここで視点をこう変えてみたらどうでしょうか？

お客さんは、本当にありがたいと思っているのだろうか？

言い換えれば、「お客さんは本当に、ベストな買い物ができたのだろうか？」ということです。欧米では、買い物を済ませたお客さんに対しては、「ありがとうございました！」ではなく、「グッドチョイス！」という言葉をかけます。

「似たようなお店が沢山ある中で、当店を選んでくれたあなたはとても慧眼だったよ！」というストアチョイスのお礼と「沢山ある商品の中から、当店が自信を持ってオススメする商品を選択してくれたあなたは幸運だよ！」というアイテムチョイスのお礼。この2つが合わさって、「グッドチョイス」という言葉になるんです。

いいですか？　この**グッドチョイスという言葉は、店側の、商品やサービスを選ぶ**

自信そのものを表します。

少なくとも、メーカーの言いなりではなく、自分達独自の選択眼を持って、商品をマーチャンダイズしている自信。世の中で売れているから、流行っているらしいから取り扱うのではなく、ましてや、儲かりそうだから、売れば協賛金が入ってくるからとか、そんな発想ではないんです。

お客さんにとって、ベストの商品を仕入れ、
お客さんにとって、ベストな選択ができるような、
メッセージを売り場に込め、
間違いのない選択をしてくれた喜びを分かち合う。

これがグッドチョイスの思想です。誤解を恐れずに言えば、「グッドチョイスをキチンと言えない店は、お客さんのために働いていない！」と言い切ってもよいと思うんです。

❹「グッドチョイス」のための3つの工夫

グッドチョイスをしてもらうには、グッドチョイスができる「環境」が必要です。

ですが、商品をつくっている側のメーカーは、その理由をもっていない場合が多い。

だからお客さんは気づきようもないし、通り過ぎてしまう。

その「通り過ぎてしまう状態」にストップをかけ、立ち止まらせ、じっくりと自分が欲している商品とかサービスに気づいてもらう。それが重要で、そのためにこそ、メーカーに代わって、あなた自身が、「グッドチョイス」の理由と根拠を教えてあげなくてはいけないんです。

グッドチョイスをしてもらうためには、あなたの側にも相応の努力が必要です。

①商品を選ぶ「選択眼」、②センスを見抜く「審美眼」、③実際に体験してみるという「誠実さ！」。

そんないろんな角度からの「努力」が総合された結果、あなたの店は「グッドチョイス」の宝庫になっていくんです。

「グッドチョイス」のための3つの工夫

❶ 商品を選ぶ「選択眼」
その商品でほんとにいいの？

❷ センスを見抜く「審美眼」
それ、今の時代に売れるもの？

❸ 実際に使うという「誠実さ」
一度でも自分で使ってみたの？

3 「選んであげる」のがPOPの役目

お客さんは「選べない」！

いろいろ言われても、世の中にはあまりに商品が多すぎて、いちいち吟味してなんかいられないよ！

そんなあなたの声が聞こえてきました。当然です。確かに商品が多すぎるし、それは事実です。でもね、ここで冒頭の僕の言葉を思い出してください。

そう、**お客さんこそが、選べずにいる**んです。

今、僕がこの原稿を書いている2009年の時点では、不景気の文字が蔓延してい

ます。100年に一度などと言われてますし、確かに不景気なんでしょう。

でも、誤解を恐れずに言えば、「本当に不況なの?」と感じる場面にもしょっちゅう遭遇します。


新宿の西口、百貨店が林立する街のカフェはいつも満席です。結構な値段のスイーツセットの注文が、次々に入ってきます。夜の街に目を転じると、大人のカップルで楽しめるレストランは、毎日満席!

「どうしてか?」というと、「ほかに行ける店が無い」からなんです。

つまり、**「選ばれる理由」を持っている**んです。そう考えると、「選べないということ」は、買えないということであり、使わないということです。


では、あなたはお客さんのために、どんな努力をすべきなのか?

その答えが、**選ぶためのお手伝い**です。そう、お客さんに代わって、お客さんの欲しいものを、求めているものを気づかせてあげればよい。それだけです。そして、そこで抜群の威力を発揮してくれるのが、ライブPOPなんです。

4 磁力のあるPOPは「バトン」を持っている

心に届けるための「バトン」が必要

さて、あなたがこれまで見たPOPで、「お！　これはすごい！」と感じたものを思い出してみてください。

おそらくPOP全体の記憶というよりも、何か特別な、強烈なワンフレーズが頭に残っているんじゃないかと思うんです。

それ、当然なんですよ。それは「バトン」が渡っているんです。

バトン！　分かりますよね？　リレーで使うあのバトンです。バトンがないと、リレーは成立しません。人から人へと、大事な受け渡しができませんよね。

どんなに頭のよい、記憶力のよい人でも、あらゆることを覚えているというわけにはいきません。それと同じで、目の前に書かれた文章、文字に対して、全部が全部理解できるということもありません。

結局のところ、**お客さんの気持ちの琴線に触れる、バトンの役割を果たす「ワンフレーズ」があるかどうかが勝負を決める**んです。

そして、そのワンフレーズがあれば、お客さんは、自分でそれを選んだ気になるし、人に伝えたくなる。伝えたくなることによって、リレーが生まれるんです。

仮に、たった100文字の文章でも、全部を覚えるのは至難の業。でも、その100文字の中に、ズバッとくる、ワンフレーズが含まれていたら、そのフレーズは誰かに伝えたくなるし、広がりやすい。

ですから、売れるチカラを持った、ライブPOPには、バトンの役割を果たす「ワンフレーズ」が含まれていないといけないんです。では、その「ワンフレーズ」を生み出す方法について、これからお話ししましょう。

5 「コンテクスト」にこだわる

「お客さんも知らないこと」を教えてあげる

広告・PRの世界では、コンテクストという言葉がよく使われます。

一般的には、文脈という意味で使われることが多いですが、広告・PRの世界でいうコンテクストとは、**いろんな角度から見た強味**とでもいうような感じでしょうか?

例えば、ここにミネラルウォーターがあるとしましょう。

そのパッケージにはいろんな特性、個性が書かれています。

①富士山の天然水使用
②バナジウムを豊富に含有
③手に持ち易いボトル形状

④硬度29mg（軟水）

ほかにもいろいろあるでしょうが、商品というのは、見る角度によってはいろんな顔を持っているわけです。

砂漠を何日もさまよった人にとっては、お金よりも大事な命を救ってくれるものでしょうし、ある人にとっては、ウイスキーや焼酎を割って飲むための「割り材」かもしれません。家庭菜園をやっている奥様にとっては、植物を育てるための養分かもしれませんね。

そう考えると、**商品の強味や特徴というのは、「受けとる相手の置かれている立場や環境によっていくらでも変化する！」**ということになります。

そしてここが肝心なんですが、広告やPRの場合、これらの要素を全部入れ込もうとすると、「結局、何が何だかわからなくなってしまう！」ことになります。ですから、沢山あるコンテクストの中から、お客さんの求めているものをクローズアップしてあげ、気づかせてあげる必要がある。POPの最大の役割はここにあるんです。

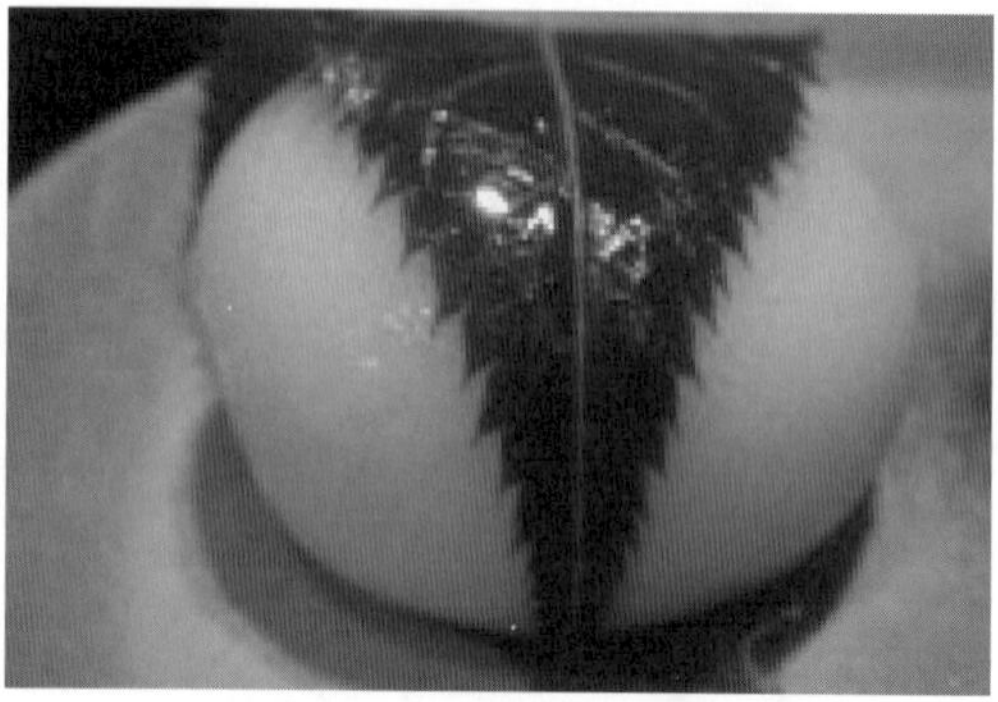

この「桜もち」、何に見えますか？

ここで、僕が以前遊びでやってみた、あるコンテクストのお話をしましょう。飲み会でお酒を飲んだ後、和スイーツのデザートが出てくるという話になりました。

あんこが苦手な僕は、出てきたお菓子には手を伸ばしませんでしたが、横から見ていると、「あること」に気づいたんです。それが……コレ。

女性のTバックのお尻に見えませんか？（笑）

もし僕がコンビニの店長で、この商品を扱っていたとしたら、**『Tバック？ 可愛くないですか？ もちろん味もバッチリ！』**とか書いて売ったと思うんです。この場合、あんこがど〜のとか、甘さがど〜のとか、甘さ控えめでど〜のとか、いくら書き募るよりも、「Tバック?」のワンフレーズで決まりなんです。

商品をいろんな角度から見よう

このように、「お～～!」と思わせるワンフレーズが見つかれば、勝利はあなたのものです。そして、そのコンテクストというか、ワンフレーズは、必ず商品の中にある。これはもう、絶対に隠れている。それを見つけるのが、ライブPOPを書く上で一番重要なポイントになるんです。このコンテクスト、あなたなりにいろんな角度から見ていくうちに必ず見つかるものなんですよ。

ですが、気をつけて欲しいのは、メーカーが用意した資料にはそれが書かれていないことがほとんどです。

メーカーは、「自分達が言いたいこと」しか言いません。そしてその言いなりになっていたのでは、あなたの店は「メーカーの出店」になってしまいます。ですから、**メーカーすらも見つけきれていない新しいコンテクストを見つけてください。**

6 お返しをしたくなる「仕掛け」をつくる

「また行きたくなる」「したくなる」を演出する

効果的なコンテクストを発見できるようになっていくと、あなたのお店のお客さんに劇的な変化というか、現象が生まれます。

それは、「ファン」になってくれるということです。

ここで、1章でお話ししたあの言葉を思い出してください。「返報性」です。

お得な感じをあたえてくれた店には、また行きたくなるんです。**「行けば、また新しいお得感を味わえるんじゃないか」という無意識のリピート行動こそが、「返報性」の表れ**なんですね。

この「返報性」をつくり出すことこそが、「ライブPOP」の大きな役割のひとつなんです。そして、こうしたリピーターが増えるという現象は、あなたのお店に劇的なプラスを与えてくれます。

それは、集客にかかる手間と経費が減ることです。本来、集客にはお金と労力がかかります。DMひとつ出すにしても、営業電話をかけるにしても、とにかく労力とお金がかかるんです。自分達スタッフでやっているから、原価・実費はかからないよといっても、それはウソ！　見えない人件費が必ずかかっています。

その結果、お客さんが集まらなければ、それは損なんです。だからこそ、できるだけお金と労力をかけずに、お客さんがやってくるようにするための「武器」が必要なんです。その「武器」になるのが、このライブPOPなんですね。

お店のファンができれば、リピーターが増えます。リピーターが増えれば、余計な経費と労力が減る。減れば、本来、チカラを注ぐべき、「マーチャンダイジング」や「販促企画」に集中することができます。それができれば、ますますファンが増え、リピートが多くなるという好循環が生まれてくるんです。

7 「物語」で売れるチカラをつくる

「物語」で共感を呼び起こす

物語のチカラを借りましょう。人間は、生まれた直後の、本当に小さな時期から、お母さんの腕の中で物語を聞かされて大きくなります。つまり、物語が好きなんです。ある人や会社の成り立ちを語る際も同様。単に、沿革や規模を語るよりも、物語仕立てのほうが、気分がのめり込みますし、共感も得やすいんです。

過去の偉人とか、高名な経営者のことを語った立身出世や苦労を乗り越えた物語は涙無くしては読めないものが多いし、そうした「物語」はいつの時代も多くの人に愛されてきました。

とにかく人は物語が好きなんです。だとしたら、あなたがつくるライブPOPにもその、物語性を組み込んでみてはいかがでしょうか？

でも、「物語なんてそんじょそこらには無いよ！」とおっしゃる気持ちも分かります。

ここでは、いくつもある物語のつくり方の中で、僕がしょっちゅう使っている必殺技をお教えしましょう。

①どうして、あなたがその商品を選んだのか？
②誰が、どうやってつくったのか？
③どんな人に、どうなって欲しいのか？

この3つについて、じっくり考え、言葉にしていきましょう。

➡3つの視点をもって「物語」をつくろう

①「どうして、あなたがその商品を選んだのか」についてなら、その「お客さんに語れる理由」を見つける。自分主体、自分都合では絶対にダメです。

②「誰が、どうやってつくったのか」を知りたければ、メーカーに問い合わせたり、ネットで調べるなど、そんな「行動」を起こしてください。本書の最後に、「インターネット」や「辞書」を使って、「誰でも簡単にＰＯＰコピーを書く方法」をオマケでつけてありますので、それを参考にしてください。

③「どんな人に、どうなって欲しいのか」を考えるのなら、実際にスタッフで使ってみて、「どうなるのか？」「どうなったのか？」を考えてください。後ほど、詳しく説明しますが、「モニター」はとても有効です。あるいは、実際に買ってくれたお客さんにお話を聞いて、体験談をライブＰＯＰにするのもひとつの有効な方法です。

いずれにせよ、物語のネタはあなたの足元に沢山転がっています。

8 「手書きの威力」を信じる

ラブレターはどうやって書きますか？

あなたは誰かから「ラブレター」が届いた場合、**「手書きで一生懸命書かれた手紙」**と**「パソコン・ワープロで打たれた手紙」**のどちらにグッときますか？　もちろん、手書きですよね？

仮に字が多少下手だったとしても、手書きで一生懸命書かれた文章は相手の気持ちを動かしますし、印象にも残るんです。僕のように、どうしようもなく字が下手で、すべての文章をワープロ・パソコンで書いているというのは、実はそれだけでとても不利なんですね。

で、この考え方はＰＯＰの世界でもまったく同じです。冒頭でもお話ししましたが、まったく同じ内容の文章を、「キレイな印刷物」と、「手書きでまるまる書き写しただけ」という比較をしても、売れ方がまったく違ってくる。なぜかというと、**印刷物よりも手書きのほうが「宣伝臭」がなくなる**からという説明はしましたね。ですから、できる範囲でよいので、「手書き」にこだわってください。

本書の第4章でご紹介する清水店長の「読書のすすめ」という書店。ハリーポッターを置いていない書店として有名ですが、この店の売り場には、至るところにPOPが貼られています。しかも、すべて手書きです。

段ボールを切って、そこに黒いマジックで、「申し訳ございません。この本は女性の方にはお売りできませんので、ご了承下さい。店主」というシャープなコピーが書いてあるんです。

「なんだよ、コレ！　買いたくなっちゃうジャン！」って思いませんか？　読書のすすめにはこんなPOPがてんこ盛りです。一度、行ってみてはいかがですか？

9 「感じたまま」を伝える

➡「ヨイショ」や「遠慮」は入れないように

あなたの店は「モニター」をやっていますか？

モニターというのは、店のスタッフとかお客さんに、実際の商品を食べてもらったり、使ってもらったりして評価をしてもらうことですが、ここでは純粋に「ＰＯＰ」に直接反映するモニターの使い方をお教えしましょう。

まず「誰にモニターをやってもらうか？」についてですが、お客さんはやめてください。「お客さんを巻き込んだモニター」、僕はこれまで数限りなく手がけてきましたが、結論からいうと、役に立ちません。

「どうしてか？」というと、本音が出ないからです。どうしても遠慮が出てしまうし、「ヨイショをしないといけないんじゃないか？」という心理的なメカニズムが働いて

しまうんです。それから逆に、「一切の遠慮無く忌憚の無い意見を！」とお願いすると、逆に力んでしまって、意味のない粗探しのようなことになる場合がほとんどです。ですからお客さんを巻き込むのはやめましょう。

➊スタッフに「感じたまま」を言ってもらおう

では「誰にモニターをやってもらうのか？」というと、「スタッフ」です。例えば、新製品のアイスクリームが出たとしましょう。そうしたら、スタッフに食べてもらって下さい。難しい意見を言わせる必要はまったくないし、逆にそんなのいりません。大事なのは、感じたまんまの言葉です。

「あ！　柔らか〜い！」「フワフワというか、フカフカ！　初めてかも？この食感！」**感じたまま、思ったままの言葉を拾い上げて欲しいんです。**実はそれが、そのまま、ライブＰＯＰの材料になります。そうした言葉を沢山あつめて、「リアリティ」「目新しさ！」という視点で選ぶ。それだけで、お客さんの反応が、劇的に変わるんです。

第3章

「売れるPOP」は「3つの仕組み」でつくれる!

1 売れるPOPは「仕組み」でつくる

売るための「仕組み」とは？

売れるPOPのための「仕組み」というのは、「あなたの一番やりたいことが、自動的にできてしまう」ということです。

それは、お客さんに「グッドチョイス」をしてもらうことにつながります。だとしたら、お客さんがグッドチョイスをしてくれる「仕組み」を持たないといけませんよね？

では、グッドチョイスをしてもらうためには、何が必要でしょうか？

そのためには「お客さんの目を、あなたがオススメする商品に向けてもらい、最終

お客さんに選んでもらうための3つのプロセス

①足を止めさせる!

足を止めてくれなければ、どんなに素晴らしいPOPも読んではもらえませんよね。

②内容に興味を持って読ませる!

読んでさえもらえれば、納得してもらえますよね?

③買う行動を起こさせる

レジに持っていったり、注文をしたり、という行動を起こしてくれます。

的に選んでもらうこと」が必要です。

前ページのような流れで、商品、形、スタイルはどうであれ、この流れさえでき上がれば、鬼に金棒。あなたのビジネスは盤石です。

さて、ここで冒頭にお話しした、「中山流！　ＰＯＰの意味」というのを思いだしてください。

Ｐ……パッと見て！
Ｏ……オ〜！となって、
Ｐ……ピンときて、買っちゃう！
でしたね。

気づきましたか？

P……パッと見て！＝足を止めさせる！
O……オ〜！となって、＝内容に興味を持って読ませる！
P……ピンときて、買っちゃう！＝買う行動を起こさせる。

これが「仕組み」の根っこを支える考え方です。

では、ここで少しだけ、難しい話をしましょう。「お客さんの目と気持ちを引き寄せる」にはどうしたらよいのか？

それには、ベクトルを変える必要があります。ベクトルとは、矢印のことです。

売れないPOPのベクトルは、「商品→お客さん」という向きになってしまっているんです。

「買って買って！」「見て見て！」というこのページの図のようになるんです。こうしたベクトルの向きになっている限り、お客さんは振り向いてくれません。

「どうしてか？」といえば、答えは簡単です！

「売り込み」に感じるからです。

では、そのベクトルの向きを、逆にできたらどうでしょうか？

お客さん↓商品

このようにベクトルを反転させることができれば、**「お客さんが、商品を見つけて、自分の意思で手にとる」という流れ**になるんです。

これが「ベクトルを変える！」という意味です。このベクトルを変えるためにライブＰＯＰが必要なんです。ライブＰＯＰというのは、お客さんに「買え！」と押しつけるのではなく、お客さんのほうから、「買いたい！」「売ってください！」という気持ちを起こさせる「仕組み」そのものなんですね。

では、その「仕組み」を完成させるための、３つの要素の手に入れ方について、じっくりと解説しましょう。

2 仕組みをつくる要素①「足を止めさせる！」

「足を止めさせる」2つのテクニック

たとえPOPをつくっても、じっくりと足を止め、しっかり読んでくれる機会はなかなか巡ってはきません。ですが、そこで諦めたり、手をこまねいていたのでは、あなたに成功という2文字は永遠にやってきません。

ではどうするか？

どうすれば、忙しいお客さんの足を止めさせることができるのか？

ここでは、そのための2つのテクニックをお教えします。

「足を止めさせる」2つのテクニック

①「売り込み臭」のしない言葉を駆使する

いかにもPOPらしい言葉とは、言い換えれば、「売り込み臭」「宣伝くささ」の感じられる言葉です。そうした「におい」を感じた瞬間、お客さんは足を止めずに通り過ぎてしまいます。本能的に避けて通ってしまうんです。

「お買い得！」「新発売！」「広告の品！」

これらの言葉はすべて**「店側の都合」で書かれたもの**です。これでは、お客さんの興味・関心を得ることはできません。

だとしたら、その逆の**売り込み臭のしない言葉を使う**ことによって、「パッと見て足を止める！」という効果を上げることができるはずです。

「お買い得！」と書くのではなく、「損だけはしないでください！」と書く。

「新発売！」と書くのではなく、「いよいよ、出ちゃいましたね～！」と書いてみる。

「広告の品!」と表現するのではなくて、「自信がなければチラシには載せません!」と言い切ってみる。

それだけで、お客さんの受け取り方はまったく違ったものになるんです。具体的な言葉の選び方は、第5章で詳しく解説しますが、とにかく重要なのは、「いかにも……」な言葉を使わないことです。

②見慣れない言葉、違和感のある言葉を使う!

POPを書くとき、「こんなときは○○と書こう」「こんな言葉が必ず効く」という常識のようなものがはびこっています。

ですが時代が変わり、価値観が変わり、お客さんの心が変わってしまっているのに、いつまでも誰かが過去に考えたやり方にこだわって、そこから抜け出せない人が沢山います。僕は、その「抜け出せない状態」のことを「呪い」と呼んでいますが、「呪い」にかかった人が多すぎるんです。

ここで大事なのは、お客さんのほうは、すでにいち早くその「呪い」から抜け出してしまっているということなんですね。

いかにも広告→怪しい
見るからに宣伝→信用できない

こんな心理メカニズムができてしまっています。だとしたら、その「メカニズム」を崩さない限り、あなたの書いたPOPは読んでもらえません。

そこでチカラを発揮するのが、「見慣れない言葉、違和感のある言葉」です。

要は、「広告とか宣伝に使われそうにもない言葉」です。

売り込み臭のない、日常的に使われている言葉。商売抜きで、普通に語られる言葉。

そうした言葉の持つ破壊的な販売パワーを、僕は幾度となく体験してきました。

「ヤバイ！」「おかしいヨ！」「ウソでしょ？」「マジ？」

およそ「POPには使わない」という感じの言葉も、使うタイミングと、商品によっては絶大なチカラを発揮してくれるんです。

こうした「見慣れない言葉、違和感のある言葉」の使い方に関しては、第5章でじっくり解説しますが、とにかく大事なのは「呪い」から抜け出すことです。

そこをキチンと意識して考えてみてくださいね。

3 仕組みをつくる要素②
「内容に興味を持って読ませる！」

「言いたいこと」ではなく、「知りたいこと」を考える

ＰＯＰがなかなか読んでもらいにくいとすれば、「どうすれば、読んでもらえるか？」という工夫が必要になります。少なくとも、そうした工夫抜きでは、決して読んでもらえるはずもないし、気に留めてももらえません。

そのための工夫には、いろいろな方法がありますが、僕の友人、敏腕コンサルタントの水元均氏は「コトＰＯＰ」という言い方でその価値を説いています。

普通は商品そのもの、つまり「モノ」の説明に終始する部分を、商品にまつわる

「コト」を書いていこう！　こうした考え方なんです。

この「コトPOP」に関しては、第4章で詳しく説明していますが、この「コト」というのが「内容に興味を持って読ませる！」ための必殺技なんです。

内容に興味を持ってもらうための方法は、まさに無限にありますが、基本はひとつ。**自分の「言いたいコト」を書くのではなく、お客さんの「知りたいコト」を書くということ**なんです。

ライブPOPを書こうとするなら、この「コト」を見つけるというのは必須条件になります。先ほどの「コンテクスト」の項でもお話ししましたが、商品の持っている「強味」や「売り物」は決してひとつではありません。加えて言えば、見えないところに隠されている「強味」や「売り物」も沢山あります。

普段見ている通りを、正面からだけではなく、角度を変えて見てみる。

この「角度を変えて見る！」というのは、とても有効ですが、ここでその方法をお教えしましょう。

➊「買ってほしい人」になりきってみる

それは「いろんな人格に成り代わって考えてみる」ことなんです。「そうは言っても、いろんな人の気持ちになるなんて、難しくてできないよ！」というあなたの声が聞こえました。

さて、その方法は、あなたの周辺にいる人を思い浮かべるんです。つまり、**「その人と、その商品との関係をイメージする」**んです。

試しにひとつ、缶詰の「ツナ缶」で考えてみましょう。

独身男性にとっては、ツナ缶は常備食です。1人の朝、ツナにマヨネーズを和えて、トーストにのせて食べる。ちょっとした贅沢と、気持ちのよい時間がそこにはあります。だとしたら、この男性にとってのツナ缶は「日曜の朝、ちょっと贅沢に手づくりツナトースト」という位置づけの商品になります。

15歳の高校生の女の子にとっては、母に言いつけられて手伝った野菜サラダの具を思い出すかもしれません。「レタスと和えて、家族の団らん！」みたいな感じでしょうか？

7歳くらいの男の子にとっては、お母さんが遠足や運動会でつくってくれたホットドッグの思い出かもしれません。

こんな感じでイメージを膨らませていくと、人の数だけ切り口はあるということになりますね。

これは訓練でいくらでもできるようになる方法ですので、いつもバリエーションを増やすように心がけてください。

ライブPOPのクオリティが格段に上がること、間違いなしです。

「買ってほしい人」をイメージして考えてみよう

4 仕組みをつくる要素③「買う行動を起こさせる！」

「自分のためのPOPだ！」と感じてもらおう

「買う行動を起こさせる！」

ひと言で言うのは簡単ですが、実際にやろうと思うと、並大抵のことではありません。ですが、その並大抵ではないことをやっていかないと、あなたの商品はいつまでたっても売れません。

さてここで、「人はどんなときに、買ってしまうのか？」ということについて考えてみましょう。

その答えは「気持ちが動いたとき」です。

そして「その気持ちはどんなときに動くのか？」と言えば、その答えは今までご紹介してきたように、

①その場だけでしか体験できないワクワク感やサプライズ感
②自分だけに語りかけてくれているというマンツーマン感や一体感

こうした感情が芽生えたときに気持ちが動き、レジまで走ることになるんです。ですから、この2つの要素を持っているPOPが、ライブ度が高いPOPで、ライブ度が高ければ高いほど、「人に行動させるPOP」であると言えるんです。

「お！　こんなこと、この店でしか教えてくれないぞ！」、「こんなことまで教えてくれていいの？」

「どうしても家でやってみたくなっちゃった！」
「私のために、こんなに一生懸命考えてくれてるのね？」

「自分だけに向けられたＰＯＰだ！」と感じた途端、人は欲しくなります。

つまり、売れるライブＰＯＰを書くポイントはお客さんを知ることです。お客さんへの関心を持ち、できるだけお客さんの考えていることを知るようにする。それができれば、その「気持ち」に応えるＰＯＰを書けばいいんです。

たとえば、レンジで温めて出すタイプの商品を、あるお客さんに売ったとしましょう。次に同じお客さんが来てくれたとき、「レンジで温めて食べたらメチャメチャ美味しかったです！」という言葉を聞き出す。そうしたら、その商品のそばに、「レンジで激ウマ！」と書く。さらに、「猫舌注意！」と添える。
これだけで、「温めて食べたらすごく美味しい！」というインパクトが出せます。
これで、お客さんの気持ちは動くし、熱いのが好きな人は、「私のための商品ジャン！」と思ってくれる。ぜひ、試してみて下さい。

第4章

2人の名人に学ぶ
POPの極意

この章では、僕の敬愛するＰＯＰ名人のお2人に、その「必殺ＰＯＰの極意」についてお聞きしたことをまとめました。

まさに、眼からウロコのものすごいお話が連発され、「ここまでしゃべっちゃっていいの？」という感じです。

なお、本章の後半には、実際にものすごい売り上げを上げた実際のＰＯＰをご紹介します。

どんどん参考にしてくださいね。

1 スーパーマーケットの商人伝道師が語る「ＰＯＰ」の力

POPのパワーで、商売がガラリと変わる

「ＰＯＰは『利益を生み出す大きな手段』であり、『最高のＯＪＴ教育』ツールです」と語る水元均さん。スーパーマーケット業界で活躍し、現在もクライアントの約90％が過去最高益を更新し続けているという、超敏腕コンサルタントです。

不景気にも強い、そんな「利益体質化」の伝道師は、ＰＯＰのチカラに早くから着目し、実績を上げてきました。スーパーマーケット業界といえば、わずかばかりの利益で、苦しい経営を迫られている店舗が多いのが現状なんです。給与も低く、教育費

にあてるお金もありません。利益十数円のお豆腐や納豆を売る以上に、利益率の高い商品を売る力もつけていかなければなりません。

水元さんは言います。

「店は、『人（従業員）』×『モノ（商品）』×『コト（情報）』で成り立っています。今までは『モノ』にすべての関心が集中していた時代。しかし、今は『モノ』に満たされている時代。これからは『人』と『コト』が鍵を握ります」

➋「コト」情報って何？

「コトは、商品にまつわる情報です。昔は、価格だけが『コト』情報でした。それが次第に変わってきました。モノについている『価値』をどう見せていけるか。納豆が売れたのも、バナナに飛びついたのも、みんなモノを買っているんじゃなく、『ダイエット』という価値を買ったんです。

どうやってその商品の『価値』や『良さ』をアピールするのか？　これがPOPに載せる『コト』。ここに頭を使えば、未来は開けていきます」

➡時代によって「コト」は変わり続ける

面白いのは、**POPに載せる『コト』＝「価値」は、時代に応じて変わり、「旬」がある**、というところです。

毒ギョーザ事件が発生したころは、「国産」「安全」「安心」のアピールが最もお客さんに好まれました。でも、その後リーマンショックが起こりました。今や「国産」「安全」「安心」だけでは、お客さんの心はつかめません。景気後退と共に、「割安感」「お得感」が、お客さんの心に響く価値になっていったんですね。だからといって、単に安売り競争をするわけではありません。

たとえば、水元さんの指導先のひとつ。クリスマス商戦まっただ中の、とあるスーパーマーケットでのことです。

↓クリスマス商戦でのすごいPOPとは？

買い物客でにぎわうコーナーがありました。

「クリスマスといえば、ケーキ？　それともいちご？」　いえいえ、賑わいの先には――。メロンの山、山、山。

誰もが足を止めるボリューム陳列が出迎えます。

「高級マスクメロンが980円」

「1個買って6人前。1人前価格163円です！」

そんなPOPが掲げられ、網目の美しい輝くマスクメロンが続々とカゴに入れられていきます。

「**1人163円で、高級メロンが家族揃って食べられる。このPOPは、そんな食卓シーンの提案です。**原点は、お客様の視点に立ったときに生まれる想いや言葉。これが『コト』なんです」

「POPづくり」が人材教育になる

しかし、「お客様の視点に立つ」ことの難しさを感じる昨今、水元さんは、新たな提案をします。

「現場の8割を占める女性のパート社員こそ、まだまだ力を発揮できる分野なんです」

そう、実は主婦のパート社員こそが最高の『コト』POPクリエーターだというのです。

「主婦代表のような彼女らは、独身時代、優秀な企業で働き、結婚して子育てしながら、家から近くて短時間で働ける先としてスーパーを選ぶケースが非常に多い。この力を活かさなければ、もったいない！ スポーツクラブでも英会話教室でも、最近はみんな女性であふれています。自己向上心を本能的に持っているんですよ」

中で、「売れるPOP」づくりが、最高の人材教育。もちろん、彼女たちも最初から「売れるPOP」が書けたわけではありません。メーカーが書いた商品の紹介文をPOPに書いてみる。でも、足を止めてもらえない。読んでもらえない――。そんな繰り返しの中で、

「自分たちの言葉でPOPをつけていこう」

そう決めて、自分たちらしい言葉で書き始めたんです。食べた感想や商品への想いも込めて、地方の方言もそのまま。こうしたお店の「本音のPOP」に、お客さんの心は少しずつ動いていきました。

実は、これこそが水元さんのいう「最高のOJT教育」です。POPや売場づくりを通じて、店への愛着を深めたパート社員の主婦たちは、想像を超える活躍をしはじめます。今や、水元さんの指導先ではPOPだけでなく、コトを伝える「コトパネル」や「コト放送」、果ては「コト人間（！）」までが登場。

P……パッと目について、
O……オッと思って、
P……ピンとくる

このプロセスを生み出すために、紙媒体以外のさまざまな方法が試されているのです。

どうやったら、「価値」を伝えられるのか？

考えに考えを重ね、試行錯誤を続ける。そんなプロセスが大事だと水元さんは言います。

「どんどん苦労しなさい、考えるクセをつけなさい、と言っています。**考えるクセをつけることが全てのスタートライン。**それを面倒くさがるから、売場やPOPが安易になるし、売上も落ちる。徹底的に考え抜いた歴史があるから、競合店が真似ようと思っても、そう簡単に真似できないものになるのです。POPは、現場教育の最高の教材です」

➊「コト」を探す努力を怠らない

その努力は、売場だけでなく、仕入れの段階にも及びます。

「今はバイヤーの仕事の仕方も変わっています。昔は、自分で仕入れて自分で売る、その感覚の中で商売のセンスを養っていきましたが、今はPOSデータを使ってコンピューターの中で完結する。知識や審美眼は、鍛えにくくなっているんです。そんなバイヤーが一番変わるのは、店からの圧力。『コト』がつけられない商品なんて送ってくるな！　と商品を送り返すと、バイヤーも考えます。**お店が『コト』をPOPにして売る文化があれば、バイヤーの腕も飛躍的に上がります」**

水元さんはさらに続けます。

「POPは、地域の食文化への貢献も可能にします。高いと思っていた、食べたことのないマグロ。でも本当の価値を知ったら決して高くない、そんな気づきを生み出すこともできるのです」

ＰＯＰによって、利益が生まれ、
ＰＯＰによって、現場のやりがいが生まれ、
ＰＯＰによって、新たな食卓の提案が生まれる。

それによって、企業としての地位向上が生まれ、現場の人間力が高まり、地域の食文化への貢献が生まれるのです。

ＰＯＰを力点に、すべての仕組みが変わっていく。それほどのパワーが、ＰＯＰには秘められているのです。いままでのＰＯＰの概念を軽々と越え、水元さんの指導する全国のスーパーではユニークな取り組みの快進撃が続いています。では、次ページから水元流の「コト」ＰＯＰの実例をご紹介していきます。

商品の安全性を、たった１枚の写真で表現！

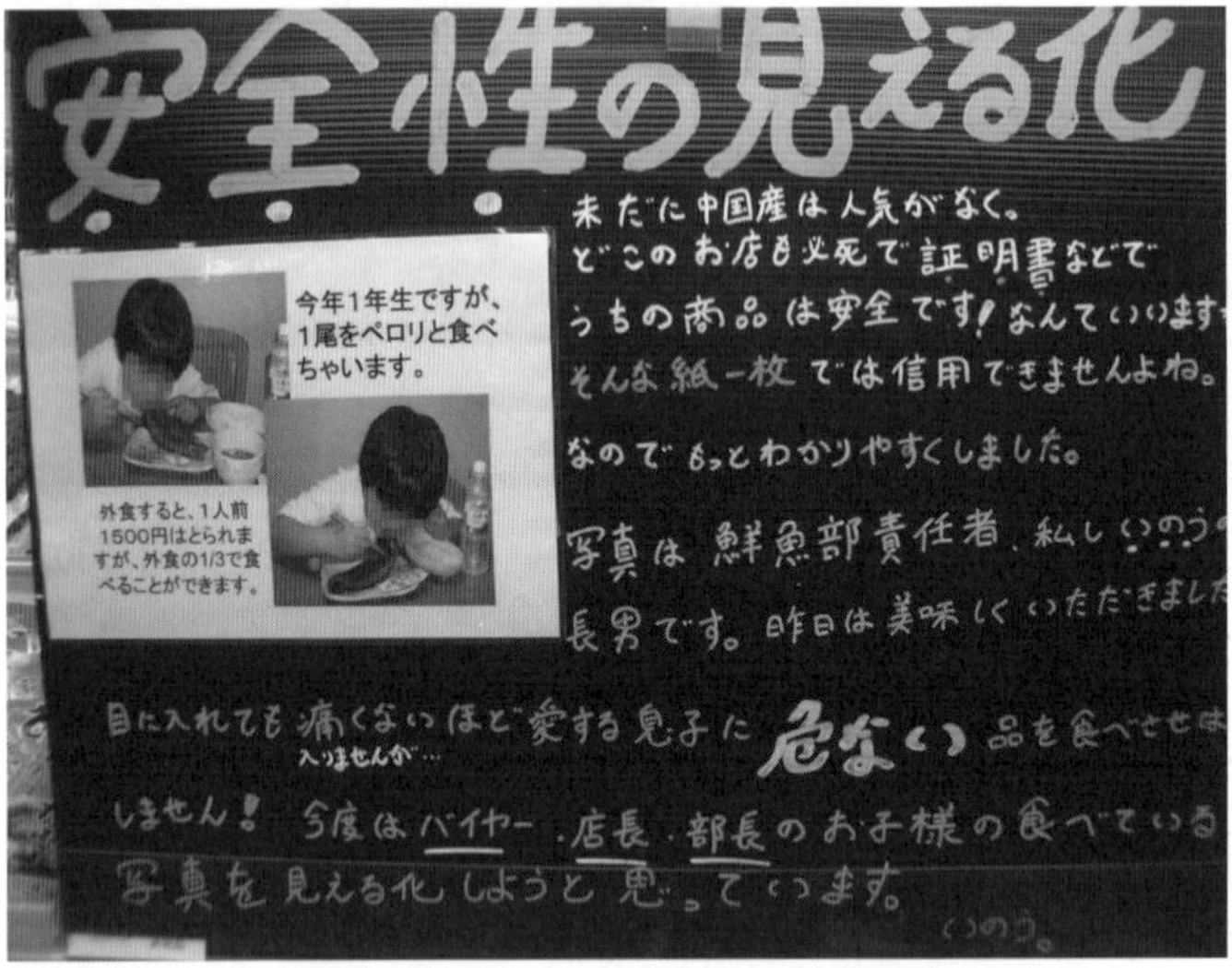

株式会社いちやまマート様ご提供

「知ってるようで知らないこと」、だから足が止まるんです！

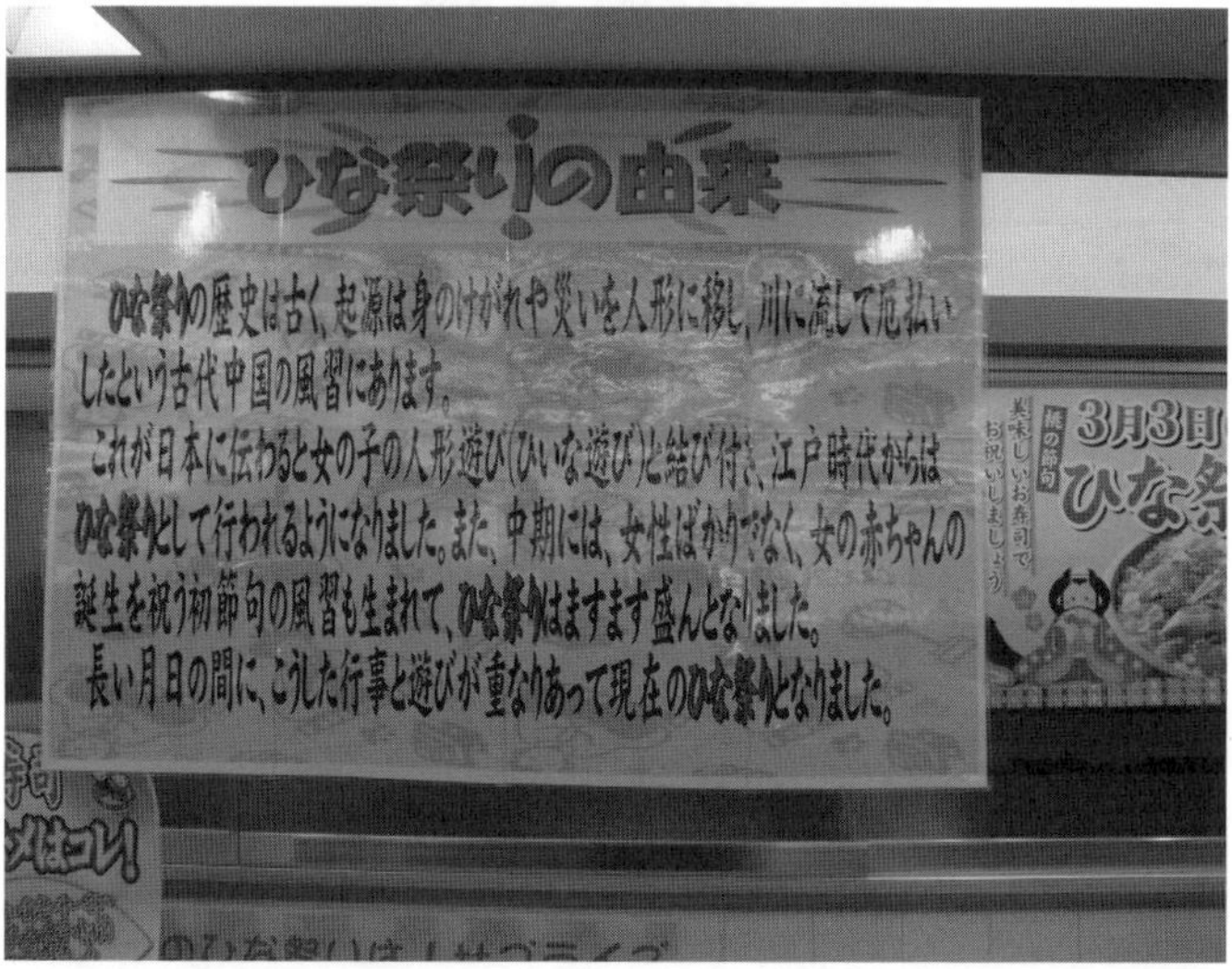

株式会社キクチ様ご提供

「かつお」「気仙沼」「直送」。新鮮で美味しそうなイメージが膨らみますね！

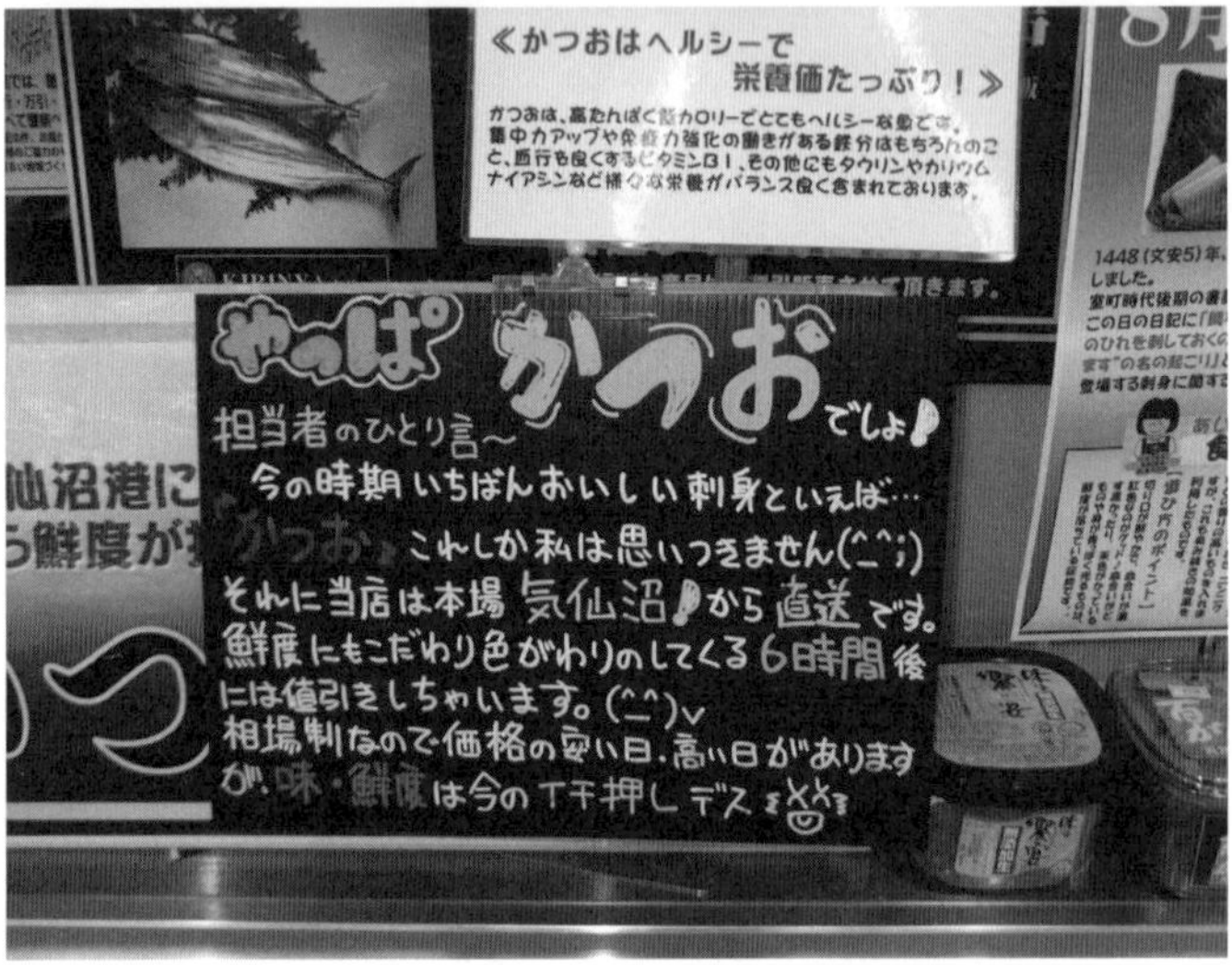

株式会社ホーマス・キリンヤ様ご提供

手書きのレシピで、宣伝臭ゼロのPOPができました!

ヤマダストアー株式会社様ご提供

2 伝説の本屋店長が明かす「POPの『喜ばせ術』」

全国からお客さんを呼ぶ「大繁盛POP」の極意

東京の下町、江戸川区。都営新宿線の本八幡駅の一つ手前「篠崎駅」から歩いて十分ほどの場所に、そのお店はあります。

「読書のすすめ」

知る人ぞ知る、伝説の本屋さんです。「店主のすすめる本で人生が変わる」と噂が広がり、北海道から沖縄まで、全国からお客さんが押し寄せています。

普通は新刊が置かれる「平積み」コーナーには店主である、本のソムリエ、清水克衛さんご推奨の本がズラリ。そして、ところどころに、足を止めさせるパワーを持った『段ボール製のPOP』が目につきます。

「この本は、あなたのようなお金持ちにはお売りできません」
「麻生さんがこの本を読んでいれば…」
「この本、立ち読み禁止。100回読まない人には売りません」

そして、POPが競い合う本の横に、「隣の本より面白い」なんてユニークなPOPも。思わずクスっと笑ってしまう言葉の数々が店内に散りばめられています。

しかし、時がたつのを忘れる「伝説の本屋」として、磁石のようにお客さんをひきつける「読書のすすめ」も、最初から順風満帆ではありませんでした。

いいえ、逆にいえば、順風満帆ではなかったからこそ、伝説が生まれる土壌が育ったのです。

❹常識を超える繁盛店。POP1枚で売上が変わる

開店当初、清水店長を襲ったのは、出版業界の独特なルール。出版業界でいう「問屋」である本の取次は、出版社と本屋をつないで新刊本を続々と届けていきます。しかし、ここが問題でした。届けられる本は過去のPOSシステムで決定され、清水さんの意向は反映されません。たとえ「お客さんから注文が入ったので、100冊お願いします」と言っても、結局入荷するのは1冊ということもしばしば。

清水店長は、出版社の倉庫に出向いたり、大型書店に買いに行ったりして、注文分の本を確保していました。頼みもしない商品が毎日毎日送られてきて、売りたい本は入ってこない。増えるのは借金だけでした。

窮した末に心に宿ったのは、商売の原点でした。

「腹が減ったら飯屋に入る。ノドが乾いたら居酒屋に入る。消費には、目的があります。じゃあ、本屋は？　本屋は、『想い』を持った人が集まる場所なんです」

ではお店に、その「想い」に応える仕掛けをいっぱいつくったらどうなるか？

元来、人を楽しませ、喜ばせることが大好きな清水店長。自分のお店を、お客さんを楽しませるための舞台に見立てて、次々とアイデアを打ち出していきました。

「困ったから、さーて、どうしようか、と知恵が出る。不利な条件だからこそ、知恵が働き商売がうまくいく。この経験から学びました」

そんな知恵の最たるものが、今や「読書のすすめ」の定番ともなった「POP」です。このPOPが、多くの人を全国から引き寄せ、そして「読書のすすめ」の店内でステキな化学反応を生み出すきっかけになっているのです。

実は、清水店長にこのPOP道を伝えた、あるひとりの存在があります。その人は、実業家の斉藤一人さん。高額納税者だった一人さんが、「読書のすすめ」に通っていたある日、驚くことが起こりました。一人さんが口述した宣伝文句を清水店長が紙に書き、売場に掲げると、またたく間に本が売れ始めたのです。

なぐり書きの、長い宣伝文句。ときどき、字を間違えてぐしゃぐしゃっと訂正した跡もそのままです。この常識外れのＰＯＰが、人気に拍車をかけました。キレイでセンスのいいＰＯＰよりも、「目に止まる」「売れる」ＰＯＰこそが正解だと、気づきました。

読書のすすめ流ＰＯＰルール「ＮＷＢ」とは？

ＰＯＰの力を改めて実感した清水店長は、ＰＯＰ道を極め始めました。

「紙１枚で売上が上がる。みんなＰＯＰのことナメテます（笑）」

そう語る清水店長に、ＰＯＰつくりのルールを聞くと――。

「ＰＯＰのルールは３つ。ＮＷＢです」

ＮＷＢとは――？

Ｎ……泣かす
Ｗ……笑かす
Ｂ……びっくりさせる

「お客さんを『泣かす』『笑かす』『びっくりさせる』という付加価値をつけることができれば、そこにドラマが生まれる。それが一番のサービスなんです。どうやってお客さんを感動させるか？　ここが一番オモシロイ。商人の知恵です」

お金をかけなくても、清水さんのお店のPOPは「泣かす」「笑かす」「びっくりさせる」に満ち溢れています。猛暑の日には、入口に「店内冷えてます」のPOPが、通行客の目を引きます。涼みにきた散歩途中の方が、店内の数々のPOPに目をとめ、思わず本を買って帰ることも少なくありません。

「女性にはこの本をお売りできません」のPOP

おっかないオジサンの顔が表紙の本の横には、「こういう顔にはなりたくないね」とひと言。

哲学者、中村天風さんの本の横に掲げられた「女性にはこの本をお売りできません」のPOP。手にとった女性が「どうしてですか？」と聞くので、「この本は心が強くなる本です。これ以上強くなっていただいては困ります」と答えます。「どうしても売って欲しい」の声が止まなかったそうです。

⬇日常のふとした瞬間にPOPが生まれる

どれもクスっと笑ってしまうPOPは、清水さんや店員の皆さんが、日常のふとした瞬間に思いついたものだといいます。中には、本の内容にまつわるクイズを盛り込んだり、わざと左手で書いたりすることもあります。見た人の脳を「居心地悪く」させることによって、解けたときの感動を味わってもらう――。

これも、読書のすすめ流のＰＯＰ奥義のひとつです。

ＰＯＰがきっかけで会話が始まり、店の片隅で鍋が始まったり、一升瓶が開けられたりすることもしばしば。清水店長の何気ないひと言によって、アル中やうつ病から復活を遂げたり、親子関係が改善したりという喜びの声が数多く寄せられています。

清水店長は言います。

「POPには、人を喜ばせる力がある。商売は、本気で人を喜ばせる、ってこと。今の常識ではありえないことまで本気で考えて、実行しちゃうアホが、これからの世の中を面白くしていくのだと思います」

今日も、読書のすすめでは、人生を変える本と、心を揺さぶるPOPがところ狭しと並んでいます。その本に囲まれながら、清水店長が、店を訪れる人の心の声に、ゆっくりと耳を傾け、新たな人生を拓く1冊を、選び出しています。では、次ページから清水流「NWB」POPの実例をご紹介していきます。

「えっ、ほんとに?」と足を止めさせるところがキモなんです。

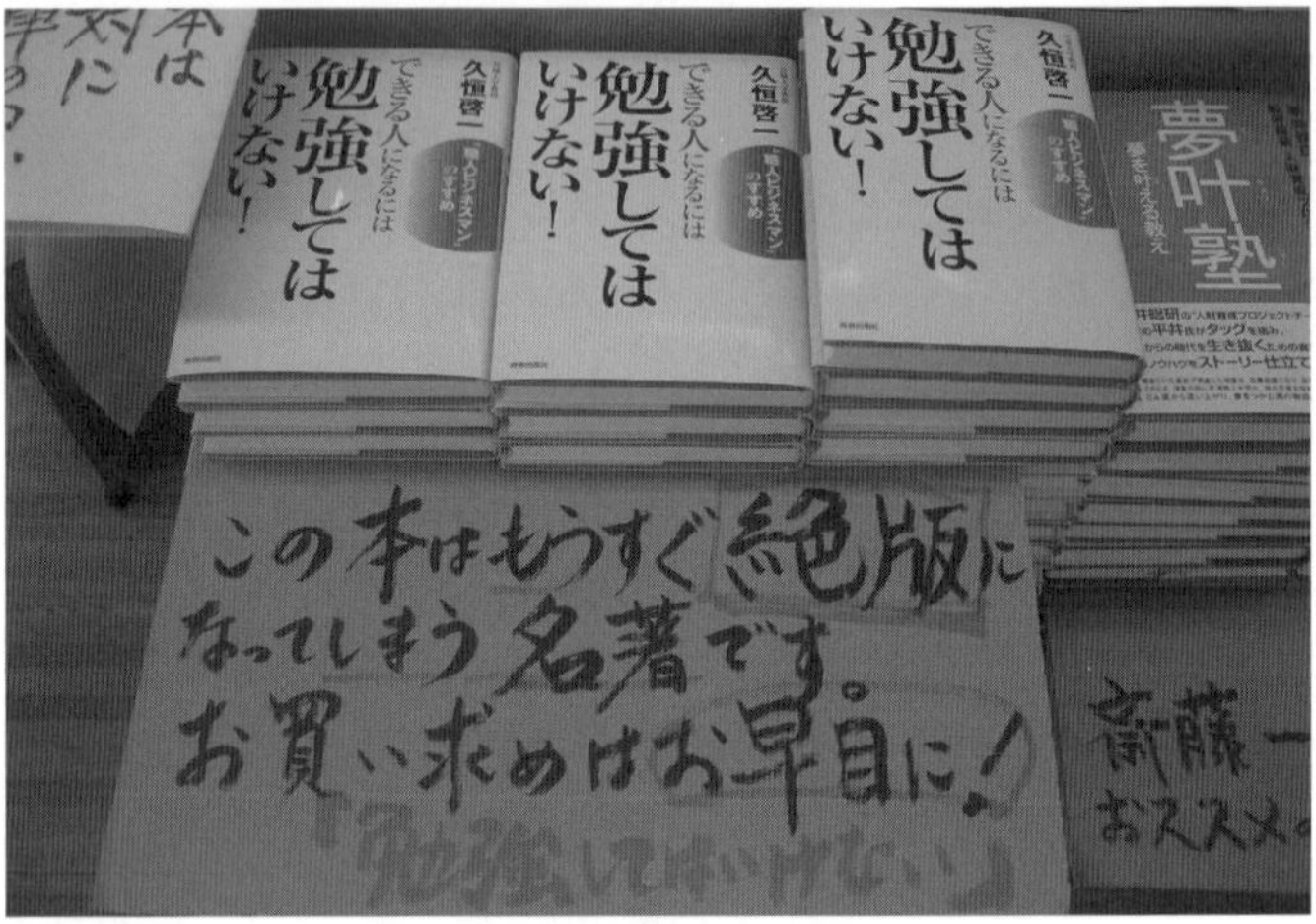

こんなことが書いてあったら、欲しくなりますよね？

どうしても女性の方は見たくなってしまいますね！

毎日使える！
ほめ言葉
クラブのママまで！
広沢虎造
申し訳けございません。
この本は女性の方には
お売りできませんので
ご了承下さい。店主

「そんなすごい本なの？」と思ってもらったら、こっちのものです！

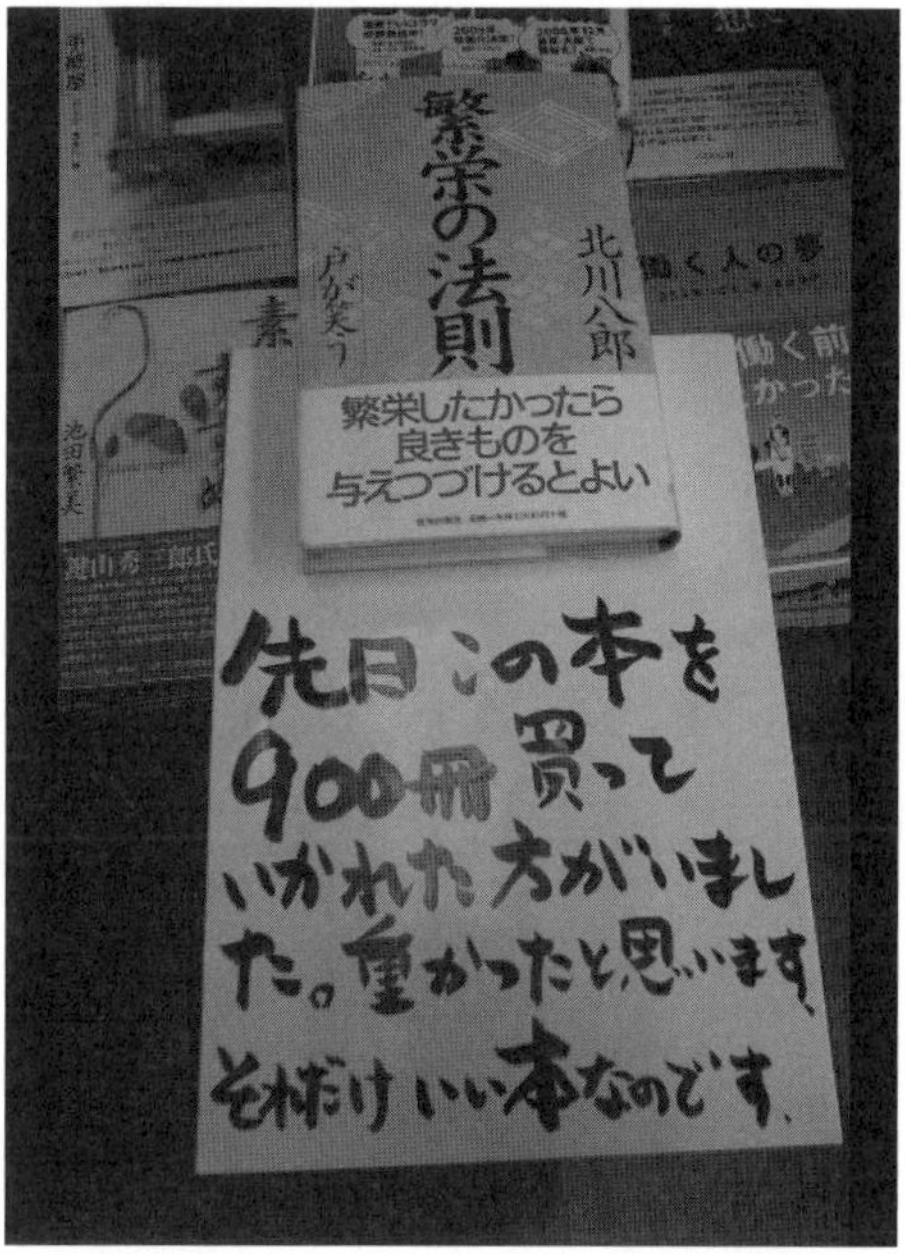
繁栄の法則
北川八郎
繁栄したかったら
良きものを
与えつづけるとよい
先日この本を
900冊買って
いかれた方がいました。重かったと思います。
それだけいい本なのです。

第5章

「バカ売れPOP」の簡単なつくり方「10の法則」

この章では、ライブPOPの具体的なつくり方を伝授します。
もちろん、

●足を止めさせる！

●内容に興味を持って読ませる！

●買う行動を起こさせる。

という、ライブPOPの3要素がすべて含まれているのがベストです。ですが現実には、そういっていられない場面もあります。ですからここでは、**「あなたにすぐにでも実践していただけるノウハウ！」**という観点でまとめてみました。

お客さんの足を止める効果だけに特化した方法。じっくりと読ませることに重点を置いた方法。今すぐ、レジに走らせることにフォーカスした方法。

そうした局部的なノウハウも沢山紹介してあります。ですが、それはあくまでも便宜的なものです。ここで紹介するノウハウを使って、組み合わせて、強いライブPOPをつくってください。

この方法を完成させるのは、あなたなんです。あなただけの、世界でひとつだけの「ライブPOPノウハウ」をつくりあげてくださいね。

法則①

書き写す！

「書き写す！」。

「なんて安直な！」と思いましたか？　ところが違うんです。

この方法、キチンとマスターすると、あなたのとても強力な武器になってくれます。

ただし、「何でもかんでも、そのまま書き写せばよい！」ってものではありません。

この章では、単に書き写したものが、結果として「ライブPOP」に変身する極意をお教えします。

「では一体、何を書き写せば良いのか？」ということなんですが、ポイントは3つあります。

①内容をそのまま、全部素直に書き写す。
②一部だけを取りだして書き写す。
③形や見た目を変えて書き写す。

以下、具体例を交えて解説します。

そのまま忠実に、手書きで書き写す！

例

国産茶葉、100%使用！

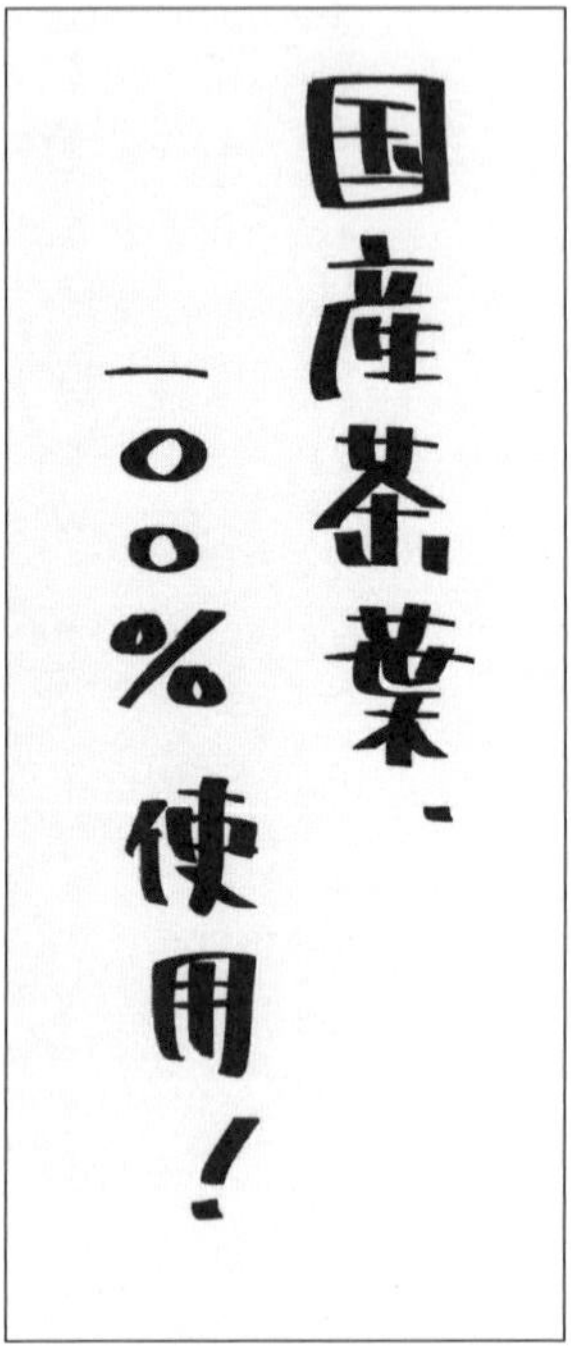

縦を横、横は縦に書き写す！

例

ノンカフェイン！

縦書きバージョン

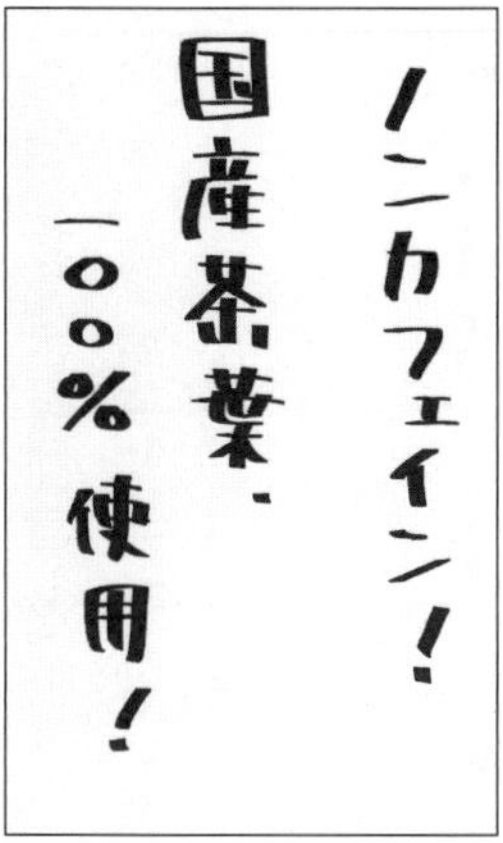
ノンカフェイン！
国産茶葉、
100％使用！

横書きバージョン

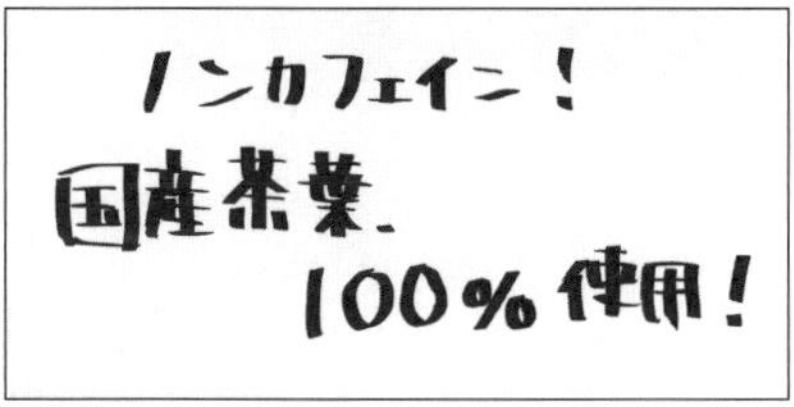
ノンカフェイン！
国産茶葉、
100％使用！

少しだけアレンジを加える！

例 新食感バニラ「××」！ しんはつばい！

これはちょっとだけ高度な書き写し方です。

この手法は、単に書き写すだけではなく、普通は「新発売！」と漢字で書くところを、「しんはつばい！」とひらがなで書いてしまう方法です。このように、一般的には漢字で書くのが普通の言葉を「ひらがな」や「カタカナ」で標記すると、足を止める効果があるんです。

強調したいキーワードを目立たせる

例 涼しい酒、揃えました。

もとのPOPには、「暑い夏だからこそ、日本酒を冷やでいかがですか？ 涼しい酒、揃えました。旬の素材と一緒にガラスの猪口でぐいっと！」と書かれていました。

が、この場合、「涼しい酒、揃えました。」というフレーズのインパクトが大きかったので、そこを強調した書き写しをしたんです。

価格勝負なら、価格をドーン！　と目立たせる

例 **この量とサイズで128円！**

よく増量キャンペーンとかやりますよね？　でも、増量と言われても、具体的にはどのくらいお得なのかがわかりにくいケースも多いです。そんな場合は勇気を持って、「値段」をバシッと見せてあげましょう。あたまの部分に、「マジ？　この量とサイズで128円！」とか、つけてみるのも効果ありです。もちろん、見た目のインパクトが大事なので、商品もキチンと目立つように陳列してくださいね。

本当に新しいものなら、「新発売」「新登場」を強調する！

例 **新登場！↑ビックリ！新しい食感です。**

決して新しくも何ともない商品が、「新登場」と書かれているケースがありますが、あれは反発を受けるだけです。ですが、本文でもお話しした通り、スタッフでモニターなどをやってみて、「本当に新しいな〜！」と感じたらそれを素直に書いてください。新しいものは新

しい。その新鮮に受け止めた気持ちを伝えるんです。

書体、字体を工夫する

例　お肌ぷるるん。今日から別人。

若い女性向けの商品が、カチッとした大人びた書体で書かれていると、それだけで妙な違和感があります。ですから、ターゲットの好みに合わせた字体の選定は重要です。若い女性向けなら、「丸文字」の上手な若いアルバイトの女の子に書き写してもらう。大人の男性向けの商品、例えば日本酒などは、書道の経験のある人に筆文字で書いてもらう。そんな工夫をするだけで、単なる書き写しからライブＰＯＰに変身するんです。

形を変えてみる

例　**新発売！**

「新発売！」というキーワードも、ただそう書くのと、勢いを示すデザインで書くのとではまったく違ったチカラを手にすることがあります。この言葉は、どんな形に収めればチカラが出るだろうか？　少し考えてみてくださいね。

法則②

ストーリーで落とす！

人間は「物語」が好きで、物語と一緒に育ってきたといっても過言では無いでしょう。

例えば、僕、中山マコトについて語る場合。

『九州の田舎に、精神科医の長男として誕生しました！』と書くのと、

『精神科の医者でありながら、自らが真性アルコール中毒の医者の長男として生まれる。異常な未熟児として生を受け、誕生時の体重は１５００グラム』と書かれるのでは、どちらにインパクトがあるでしょうか？　答えは言うまでもありませんよね？

ここでは、ストーリー（物語）を使った、ライブＰＯＰのつくり方について、お話ししたいと思います。

自分の「生い立ち」を書く！

例

コンビニを始めて14年。一番、好きな飲み物に出会いました。それがコレ！ ×××。どうしても飲んで欲しいドリンクです。

「生い立ち」と言っても、自分のそれまでの人生を語る必要はありません。そこでどう生き

てきたかという思いや生き様のことです。その歴史の中で出会ったいろんな商品との関わりを語ればいいんです。

家族のバックグラウンドを書く

例

家族全員で、ハマル商品って、そうは無いですよね？　その「そうは無い商品」に出会いました。

家族のことって、仕事の場では意外と語ることは少ないです。ということは逆に、それを語ると人は新鮮に感じるんです。家族の反応、家族からの評価！　そんな内容を散りばめるだけで、一気に臨場感が増すんです。

メーカーのバックグラウンドを書く

例

１９１８年、あのロングセラー商品、○○が世に出ました。今の商品とは味もデザインもまったく違いますが、その「思想」は一切変わらずにいます。その○○が満を持して発売したのがコレ。「魂」はあの時のままです。

どんなメーカーにもスタートがあり、歴史があります。その歴史は、時に新しく、時に刺激的であったりします。その歴史に興味を持ってください。調べてください。ライブPOPに活かせるストーリーが必ず埋もれているはずです。あなたはそれを引きずりあげてやればよいんです。

開発秘話を書く

例

このなめらかさを出すために、40カ国のハチミツを食べ歩きました。そして、巡り会ったのがハンガリーのアカシヤのハチミツ。極寒の国で生き延びたアカシヤとミツバチの強さがこのなめらかさの秘密なんです。

どんな商品も、何らかの劇的な出会いがあって初めて生まれるんです。そしてその出会いには必ず人と人とがかかわっています。そこを調べ、書いてあげるだけで、人の気持ちは動きます。

どうしてその商品をセレクトしたのか？　を書く

例

食物アレルギーのY子（当店のアルバイト）も全然OK。安心して召し上がってください。

今の時代、安心して食べられるかどうかを、お客さんの側から判定するのはなかなか難しいものです。だとしたら、店の側が代わって判定してあげるしか無いですよね？　その一番の根拠になるのは、店のスタッフが実際に体験したという事実です。

成分や、スペックへのこだわりを書く

例

単に、「グレープフルーツジュース」ではなく、その「グレープフルーツ」はどこで採れたものなのか？　を追求していくと必ずわかるようになっています。

この「どこで採れたのか？」という情報は、トレーサビリティといって、今の時代はとても重要な要素になっているので、追いかければわかります。そこを追求して書いてあげるだけで、臨場感タップリのPOPができ上がります。

お客さんの中に生まれた物語を書く

例 お茶の好き嫌いがとても激しい、うちのおじいちゃん（76歳）が、このお茶はおいしいって飲んでくれます。苦さ、濃さが昔のお茶に似てるんだって。

お客さんと仲良くなり、「どうしてソレを買うの？」などと訊き出していくと、実に沢山の物語があることに気づきます。この聞き出し方の詳しい方法に関しては、僕の著書『考えるな！ 人のアイディアを使え！』（ＰＨＰ研究所）を読んでほしいんですが、少し心掛けているだけで、お客さんから受け取る話は物語の宝庫です。

デザイン、ネーミングの「いわく」を書く

例 このボトルのデザイン！ あの○○を手がけた××さんのデザインなんです。そういえば何となく共通点があるような気がしますよね？

何となく見ているデザインも、あなたの知らないところでいろんな人が苦労した結果、でき上がっています。そこを探し当てて指摘してあげると、実に面白いことが発見できます。

法則③

トレンドキーワードで落とす！

流行の言葉とか、話題の事柄、事件など、つまり「ニュースなキーワード」は人の興味を惹きます。

「臨時ニュースをお伝えいたします！」「今、飛び込んできたニュースです！」という、アナウンサーの声が聞こえると、人はかなりの確率で足を止めるし、街角で配られているティッシュは受けとらない人でも、「号外！」を手渡されて拒否する人はまずいないといってよいでしょう。

そうした「話題性」を内包したキーワードを「トレンドキーワード」と呼びますが、この「トレンドキーワード」を使うと、実に効果的な「アテンション」が実現できます。ですから、普段から意識して「トレンドキーワード」を掴むようにして、あなたのライブＰＯＰに活かしてくださいね。

事件のタイトルをそのまま使う！

例

「先日の記者会見。エリカ様……怒ってましたね～。あのエリカ様でも、思わずニコニコしちゃうおいしさ！」

不快な内容を持ち出すと、お客さんには嫌われますが、おめでたい話題とか、大きなニュースなどはそのまま使うと、ライブ感が出ます。

例えば、「エリカ様……怒ってましたね～」という書き出しの後に、「あのエリカ様でも、思わずニコニコしちゃうおいしさ！」と繋げるわけです。すると何となく、エリカ様が推薦してる感じがしませんか？

キャッチ力のある書き出しを使う

例

『臨時ニュースをお伝えします！ 今朝、10時頃、朝の一便でヴォリューム満点、ダブルステーキ弁当が入荷しました。大変人気の品なので、売り切れの予想が出ています！ お急ぎ下さい！』

「臨時ニュースをお伝えします！」「今、飛び込んできたニュースです！」「現場から中継です！」といった臨場感溢れる書き出しで気持ちをグッと掴んでしまいましょう。

具体的な使い方はこうです。

『現場から中継です！　朝採れ野菜の出荷が始まっています！　当店の野菜売り場にも……あ、ありました。新鮮満点。朝採れ野菜！』

こうした使い方もありです。コンビニとかスーパーの場合、これに「音声」をミックスすると鬼に金棒、効果倍増ですね。

号外！と書く

例　『号外！本日15時　○○の特売セール実施！』

この方法はシンプルです。そのものズバリ！「号外！」と書いてください。

『号外！　本日15時　○○の特売セール実施！』や『号外！　○○追加入荷決定！　明日朝から販売します！』といった感じです。「号外！」の文字をとにかく目立たせてください。

ニュース風に仕立てる！

例

『本日午前11時。○○ビールの狭山工場から、できたての生ビールが到着しました。工場長オススメのキンキンに冷えた美味しい生。ぜひ味わってください！』

アナウンサーが読み上げるニュースの原稿って、いかにも「それらしい雰囲気」がありませんか？

それにはちゃんとした理由があるんです。まずは、「日時とか時間、そして場所が明示されている！」ということ。さらに「結論を先に言う！」という2つの大きな特徴があるんです。

「本日午後1時ごろ、池袋の路上で、大型トラックが横転し、積まれていた金属部品が路上に散乱し、通行止めになっています！」という感じですね。

この方法を応用すると、POPも簡単にニュース原稿っぽくなるんです。

流行の商品やサービスに便乗する

例 『Wiiでカロリー管理！ それだけでは野菜は足りません！ 朝のサラダ！ 今夜のうちにゲットしておきませんか？』

たとえば、大流行した任天堂の「Wii」。

テレビでもWiiを使ってダイエットをしたり、スポーツをしている家族の姿がしょっちゅう見られましたね。それを利用するんです。

ビッグキーワードを使う

例 『エステサロンに通うついでに、このお茶！ 相乗効果で気持ちよく！』

インターネットの検索の世界では「ビッグキーワード」といわれる言葉があります。ネットで検索する場合に、「商品とかサービスが含まれる大くくりな言葉」とでもいえばよいでしょうか。具体的には、「エステティックサロン」とか「ダイエット」とか、「英会話」とかがそれにあたります。

こうしたビッグキーワードは、人の眼を引きつけるチカラを持っているんですね。

そこで、そうしたビッグキーワードを使ってライブPOPを書いてみましょう。

有名人の名前を伏せ字で使う

例 「石○遼君、全英オープン残念でしたね。でも、あの頑張りは胸を打ちました！　ということで、彼が使っている商品を集めてみました！」

話題の人、旬の人のお名前は誰でもが興味を持つモノです。だとしたらそうした人のお名前を使わない手はないですよね？　でもここで気をつけていただきたいのは、そのまま使ってしまうと万一クレームがついたりした場合にマズイことになりかねません。そこで、伏せ字を使うんです。

「石○遼君、全英オープン残念でしたね。でも、あの頑張りは胸を打ちました！　ということで、彼が使っている商品を集めてみました！」。この場合は、彼をスポンサードしている企業の商品を集め、揃える必要がありますが、とても迫力のある売り場がつくれます。

それからもうひとつ、愛称を使わせてもらうという手もありますね。先ほどの話と関連させていえば、具体的には、「ハニカミ王子」。そして、「ハニカミ王子がＣＭでゴクゴクやっているのがコレ！」みたいな感じで書きましょう。これだけでＣＭと連動したライブＰＯＰができ上がります。

法則④

数字で落とす！

人は値段を気にします。これはもう、仕方がないです。でも、表現の仕方、見せ方によっては、受け入れてもらいやすくすることは可能です。ここではその、扱いにくい「値段」「数字」の使い方についてお教えしますね。

単に値段だけを書く！

例 **198円!!**

僕がよく使う手法に、「値段だけをただドカンと書く！」という方法があります。「安い！」とも「値引き！」とも「特売！」とも書きません。

どうしてかというと、「安い！」「特売！」といった言葉はあくまでも売る側の言い分であって、お客さんにとって価値があるかどうかとはまったく関係ないからです。でも、数字というのはそれ自体、意味を持っていると思われやすい。そこで、ドカン！ の出番です。

通常228円の品を、198円で販売するとしましょう。すると書くのは、198円という数字だけでよいんです。ただ、大きく、目立つように書く！ そこが大事です。

値引き額ではなく、比率を書く！

例 **89・9％でご提供！**

よく「198円→178円」みたいな値引き額を書きたがる人がいますが、実はあまり効果は見込めません。どうしてかというと、みんな慣れてるからです。だとしたら、慣れていない、見慣れていない表現を使ったほうが強いです。

そこで、比率を使うんです。仮に、198円の品を178円で提供するとしたら、89・9％でご提供と書く。あるいは勇気を持って、「通常価格の約9割でご提供！」と書いてください。見慣れない言葉、見慣れない表現には人は弱いものなんですね。

記号で落とす！

例 ↷

これは直接数字を書くというのとは若干違いますが、意味としては同じです。「値下げ！」

と書くよりも、このようなアイコンを使って書いたほうが、下がってる気がしませんか？

あるいは、大幅！↙ってのもいいですね。

お釣りの額を強調する！

例 500円で、372円のお釣りです！

いっとき、ワンコインという言い方が流行しました。コイン1個でピッタリという意味ですが、逆にお釣りの額をイメージさせることで、何となく金額を印象づけるという方法があります。

仮に128円のおにぎりを販売する場合、「500円でお釣りが372円！」といわれると、人はどんな反応をするでしょうか？

そう、「あといくら使える！」と考えるんですね。飲み物と、デザートでいくらいくらだから500円以内で収まると考えます。つまり暗算というか、計算の手伝いをしてあげるわけです。

具体的なコインのビジュアルを見せる！

例

例えば、３００円を表すのに、実際のコインのビジュアルを見せたほうがインパクトが出ます。紙幣も同じですが、紙幣の場合は、あまりにも精巧につくると偽札と間違われてしまうので、その点は気をつけてください。

「これが!」で金額に注目させる!

例 これが! 6800円とは?

高いとか安いとかはあくまでもお客さんが判断することです。だとしたら、金額に注目を集め、お客さん自身に判断してもらうというスタンスが大事で、そのためにはまず、金額に目を向けさせることです。その大きな武器のひとつに、「これが!」とか「とは!」という言葉との組み合わせというのがあります。

「6800円とは!!」とか「これが! 12800円?」という表現の仕方です。とにかく大事なのは「高い」とか「安い」とかは絶対に書かないこと。それを書いた瞬間に、広告になってしまい、まともにとり合ってもらえなくなってしまうんです。

第5章

生の声で落とす!

最近、Ｔｗｉｔｔｅｒ（ツイッター…つぶやき）という言葉がネット上で流行しました。まさに、読んで字の通り、「つぶやき」ですが、この「つぶやき」というのは、ライブＰＯＰを書く際の、実に強力な武器になってくれるんです。

「どうしてか？」というと、つぶやきというのは、「思わず出ちゃった本音」だからです。表面上は心にもないコトを言っていても、別れ際に「ボソッ」と呟いたひと言がその人の本心だというケースは沢山あります。先ほどもお話ししましたが、僕が「モニターをやろうよ！」という、真の意味はそこにあります。実際に商品やサービスを味わってみたり、体験したりした瞬間の「思わず出た本音」。それが実は、お客さんの気持ちを捉える大切なキーワードだったというケースを僕自身、嫌というほど体験しています。「生の声の使い方」、じっくり身につけてくださいね。

最初に口をついた「擬音」を書く

例 「オ〜〜ッと言ったのは誰だ！」

例えば、食感が売り物のアイスがあったとしましょう。でもよくあるケースは、「新食感！」

と書かれたPOP。少なくとも僕は、「だから……何?」と感じます。だとしたら、最初に反応して出てきた言葉をそのまま書いてみたらどうだろうか? そういう発想です。「オ〜〜ッ!」「ウワ!」「マジ?」「ウソ?」。

言葉を拾い上げて、POPに書けば、「臨場感抜群」のPOPができ上がります。

何人かで、掛け合った言葉を使う

例 「やっぱりさ〜、コリコリ感が違うよね!」

例えば、おつまみの、「イカ軟骨」。何人かで同じ商品を食べたり飲んだり、使ったりすると、いろんな人がいろんな意見を言いますよね? ある人がAという意見を言うと、別の人が対抗意見としてBを言う。それに呼応して、更に別の人がCを言うといった流れで、連鎖が起こるんです。その連鎖の中に、ライブPOPを書く際の強烈な武器が隠れていることが多い。いえ、必ずそうなんです。そういう言葉を見つけて、ライブPOPに使ってください。

「でもさ〜、少し味うすいよね!」「歯ごたえ、ありすぎ!」とか、場合によっては「ネガティブ」にも見える言葉でも関係ありません。お客さんの目を惹き、POPに書かれている世界に引き込むことが大事で、その場合にこうした言葉は絶大な効果を発揮します。

手紙を書いてもらう！

例

「まだ売れていない頃の、○○さん（タレントさんの名前です。）が宣伝していた時代からのファンです。」

商品の購入者に、「その商品に対する思い」を手紙スタイルで書いてもらってください。そこには、そのお客さんと商品とをつなぐ、物語とか関わり方の歴史が横たわっているはずです。歴史までは無くても、「どうしていろんな商品がある中で、それを選んでいるのか？」という理由は必ずある。それが、ライブPOPのリアリティを増してくれるんですね。

どうしてその商品を扱ってるのか？ の本音を語る

例

一時的な人気は広告でつくり出せるかもしれません。でも、20年以上のロングセラーは、商品の本当の実力です。

ベストセラーはお金と広告・宣伝でつくり出せるかもしれません。でも、何十年も続く「ロングセラー」は簡単にはできません。商品の実力と本当の強味があってのことだと思うんです。あなたのお店がその商品を評価したのもそんな理由があるはずです。その素直な思いを言葉にしてみてください。その熱い思いは必ずお客さんの気持ちを捉えます。

競合品との「比較」を言葉にする！

例

1メートルも離れたソファの下から、大きなゴミが飛び出してきたんです。これまでの掃除機ではこうはいきません。

どんな商品にも、「競合品」があります。商品の持っている特徴や強味は、そのライバルとの相対的な価値で決まります。だとすれば、その「違い」を教えてあげるのがライブＰＯＰの役割ですね。ですから、スタッフとかあなた自身でもよい。一般的にライバルとされている2品を比べてみて、その違いを言葉にしてあげればよいんです。

スペックのワードで落とす！

例

「防水仕様で、水に強い！」っていうのが、気になっちゃうんだよね～。

どんな商品にも、商品の「仕様（スペック）」があります。そしてその、スペックの中には、何となく気になる言葉が用意されています。その言葉のうち、あなたが耳慣れない言葉とか、スタッフが気になる言葉を選んで使ってください。

ここで大切なのは、あまりにもありきたりの言葉は使わないこと。そうではなくて、「何となく気になる！」とか、「何となくピンときちゃった！」という言葉を選ぶのが肝心です。

顔&名前で落とす！

例 「●●さんもお薦めです。」

正直言って、素人の方に、あまり気の利いた言葉を期待することはできません。でも、素人の強味と言えば、「リアリティ」です。店の人が「お薦め」と書くのと、「高田良子さん31歳お薦め！」と顔写真入りで推奨されるのとでは、その迫力がまったく違ってきます。逆に言えば、素人のお客さんがあまり饒舌に語りすぎると、怪しくなってしまうんです。

ですから素人の方の場合は、顔写真&お名前だけを載せる。書かれている言葉は、普通のものでOK。凝りすぎるのは逆効果です。覚えておいてくださいね。

法則⑥

蘊蓄（うんちく）で落とす！

人は、「知らなかったコト」を教えてもらうと、恩義を感じるものです。人の気持ちの中には「返報性の原理」というのがあって、恩を受けたら返さないと気持ちが悪いんです。ということは、あなたのほうからどんどん積極的に教えてあげれば、相手の人（この場合はお客さんですが）は、何かをあなたに返したくなります。それが売り上げや、リピートに繋がるんですね。

商品に纏《まつ》わる、キーワードを見つける

例 あの人気のラップバンドと、何か関係があるのか？

先ほどもお話ししましたが、商品には必ず「スペック」があります。そしてそのスペックのうち、あなたが気になる言葉について、ネット、主にウィキペディアでよいのですが、調べてみてください。すると必ず「お！」という言葉や発見があります。

例えば、今、僕の目の前には「十六茶」というお茶があるんですが、そのスペックの中に、「ハブ茶」という言葉が書かれています。で、そのハブ茶についてネットで検索してみると、こんな解説が見つかりました。

『健康茶として多くの人に親しまれる「ハブ茶」は、「エビスグサ」という植物の種子「決明子」のことを言います。』

『決明子』、そう、ケツメイシと読みます。なんだか「ピン！」ときた人は音楽通です。そう、あのラップを中心とした人気バンド、ケツメイシの名前の由来がこれなんですね。だとしたら、ライブPOPはこう書きましょう。

『あの人気のラップバンドと、何か関係があるのか？』

これだけで、「オ〜ッ！」と注目されてしまいますよね？

日本語を外国語に、外国語は日本語に

例 『Leaf of mulberry、こんなのが含まれてるんですって！』

ではもうひとつ、十六茶絡みでいってみましょうか。スペックの中に、「桑の葉」というのが登場します。桑って、知ってるようであまり知らないですよね？　確か、カイコが食べてる……くらいしか。

で、その「桑の葉」を英訳すると、「Leaf of mulberry」というみたいです。

マルベリーと読みますが、何だかよい響きではないですか？

そこで、そのまんま、何の加工もせず、こう書いてみてはいかがでしょうか？

『Leaf of mulberry、こんなのが含まれてるんですって！』

こんな感じで調べていくと、実にいろんな面白い発見だったり、示唆を得ることができます。

「外国語は日本語」に、「日本語は外国語」に変換するだけで、ネタの宝庫になるんです。

つくった人を訪ねる

例『シャープペンシルは、「シャープ」が開発したって知ってました？』


商品やサービスによっては、創始者とか、最初につくった人がいます。そしてその人のことを調べると、実に面白い事実が見つかったりすることがあります。それをそのまま、ライブPOPにするんです。

例えば、シャープペンシルは、早川金属工業（現在のシャープ）の創業者である早川徳次が、本業の傍ら金属製繰出鉛筆を発明、「早川式繰出鉛筆」として特許を取得したものだとウィキペディアに書かれています。つまり、シャープペンシルは「シャープ」という会社がつくったものだったんですね。であれば、こんなライブPOPはいかがでしょうか？

『シャープペンシルは、「シャープ」が開発したって知ってました？』

これで興味が湧き起こること、請け合いですね。

ネーミングの由来を語る

例

『○○の意味、××だってこと、知ってました？』

ちょっと変わったネーミングとか、意味のわからないネーミングってありますよね？ そういうネーミングの場合はライブPOPを書くには最適です。ネーミングの由来を調べて、そのまま書いてあげればよいんです。

読んだ人は、グッと引き込まれてしまい、さらにその先を知りたくなってしまうんです。

ザイガニック効果を使う！

例

『このシャンプーのスゴサは、洗い上がりのしっとり感だけじゃないんです！ もっと知りたいですか？ 裏面へ続く！』

人は、中途半端に情報を出されると、もっと先を知りたくなるものです。この中途半端では納得いかない状況をザイガニック効果と言います。だとしたら、最初からそれを意図したライブPOPの書き方があってもよいのではないでしょうか？

専門家の解説を学ぶ！

例 「ビデオカメラはボディの幅を見てください。持ち歩きにはうすいのが一番！」

ビデオカメラなど、商品によっては、販売員がとても鋭いセールストークを展開する商品ってありますよね？

例えば、大手の家電量販店の販売員などは、「必殺！」と呼んでよいほどの切れ味のよいセールストークでお客さんを落としています。そうした「セールストーク」を実際に体験して、身につけるのも強い味方です。あなた自身がお客さんになって、そこで体験したトークを、そのままあなたのライブPOPに書けばよいのです。

法則⑦

商品に自ら、語らせる！

商品パッケージのスペースには限りがあります。しかもデザイン重視の商品などの場合、とても大事な「情報」がまったく、どこにも書かれていないというケースも往々にして見受けられます。そんな時こそ、ライブPOPの出番です。

商品自らに語らせるのです。この「自ら語る!」というのを、1人称と言いますが、1人称で語らせると、「売り込み臭」というか、「わざとらしさ」が消えるんですね。

ぜひチャレンジしてみて下さい。

生い立ちを語らせる!

例

『こんにちは、○○です。○月○日に、××で生まれました。流れ流れて、このお店にたどり着きました。せっかくの出会いです。ぜひ、味わってみていただけないでしょうか?』

商品に人格を与え、その人格なりの自己紹介をさせましょう。一瞬、「あれ? 誰が誰のことを言ってるの?」という新鮮な驚きと共に、商品に対する興味が圧倒的に湧いてくるんです。

強味を語らせる！

例

『私を食べると、元気になるかも？
だって、〇〇エキス配合ッスよ！』

商品の強味がいまいちわかりにくい商品って多いです。そんな商品ほど、キチンと特徴を説明してあげましょう。でも、それを「店の視点」で書くと、ビミョーにいやらしくなってしまったりもします。そんな時、この方法を使ってください。

使った人の視点から語らせる！

例

『「あなたみたいな食感、初めてだよ！」って言われました。とても嬉しかったです。』

さも、お客さんが語ってるように見せながら、実は商品の強味を語っているという方法ですね。この手法、実はものすごく使い勝手がいいんです。何度もお話ししている通り、推奨には「客観性」が必要だからです。

見た目について語らせる！

例 『真っ赤なパッケージ！ 目についたら手に取ってみて下さい。「情熱の赤！」という意味が分かるはずです。』

売り場には多種多様なパッケージ、限りないデザインがひしめいています。その中から、たったひとつを選んでもらうのはかなり大変ですよね。だったら、商品パッケージの立場から、自らの「見た目」を語ってもらいましょう。そこに、お客さんが「お！ そうだったのか！」という驚きの情報が入っていたら、もう完璧です。

ネーミングの由来を語らせる！

例 『どうしてこんな名前がついたのか、知ってる人いますか？』

面白いネーミングの商品って多いですよね？ 日用雑貨の世界などは、笑っちゃうほどのネーミングが溢れています。だとしたら、そのネーミングを使ったアプローチをすることで、ネーミングを印象づけることができるし、商品に関しても興味を持ってもらえるという一石二鳥を目指しましょう。特に、面白ネーミングの場合は、こんなやり方もありますよ。
『誰がつけたか分からないけど、ミョーな名前だな～！』

弱みをあえて語らせる

例 **『酸っぱすぎて、苦手だ！　という人も半分くらいはいらっしゃいます。でも、残りの半分は……熱烈なファンになってくれました。』**

自分の強味や売り物を語ることはとても多いですが、逆に、「弱み」を語ることって少ないですよね？　弱みを語るということは、とても正直に見えるんです。自慢話ばかりの中に、ちょっとした弱みが混じると、際だって「正直」に見えてしまうんです。
「おいしくない！　という人も半分はいます。でも、残りの半分は一生のファンなんです！」

1人称で、反応を求める

例 **『感想を下さい！　ますます頑張れます！』**

商品自らが、自分についての忌憚のない意見、感想を求めている！　そんな状態をつくり出せるのがこの方法。もっともっとよい商品を目指したい！　という向上心というか、前向きさというか、そんな空気が生まれます。これをもし、「食べてみて感想をお聞かせ下さい！　店長」と書いたらどうでしょうか？　なんだか押しつけがましくなっちゃいませんか？

だから1人称なんですね。

泣き落とす！

例　**『売れないと店から追放されてしまいます！』**

いわゆる泣き落としです。でも、商品のサイクルが年々短くなっていることは多くのお客さんが気づいています。自分が贔屓（ひいき）にしていた商品が、いつのまにか製造中止になってしまっていたり、店頭から消えてしまったりという悲しい経験は沢山の人がしているはずなんです。だから、その「感情」に訴えましょう。気に入ってる商品だったら、沢山買って応援しようという気持ちになってくれます。

用途から発想する！

どんな商品にも用途があります。その用途は、決してあたりまえのものだけではなく、掘り下げると、実にいろいろ。そこをイメージして提案してみましょう。

「誰と使うか?」から発想する

例 **2人で飲むと、とってもうまい。**

ひとつの飲み物とか、食べ物も、誰かとわけて飲んだり食べたりすると考えるだけで、コミュニケーションの道具というか、潤滑剤になりますよね? この変化形で、「みんなで食べると、少しずつ沢山楽しめる!」というパターンがありますが、これも同じです。

「誰が使うか?」を考える

例 **小学生だと2回分。**

カップ入りアイスにつけてみたPOPです。何となく、何となくですが、贅沢な感じがしませんか? もちろん買うのは大人です。

思い出させる！

例　彼女の部屋にも、蚊はいます。

恋人との甘い時間や、切ない思い出。でも、どんな素敵な時間にも現実はあります。殺虫剤につけてみたPOPです。すご〜〜く売れました。

大切さを気づかせる

例　飲まないと……死ぬ。

あるミネラルウォーターにつけてみたPOPです。この店、ミネラルウォーターのラインナップが14種類もあったんですが、このPOP以来、このアイテムがナンバーワンになりました。

全然、違う用途を気づかせる

例　余ったら……ピラフに使おう！

日本酒は飲みたいけど、でも、1人で720ミリはしんどいな〜と思っている人、意外に多いです。でも、日本酒をチャーハンに使うと、実はとても美味しくなる。そういう使い方をしたら、ムダではなくなるよ、ということを教えてあげれば、買ってくれる可能性は飛躍的に上がりますよね。

「実はそうなんだ！」と思い出させる

例　パン粉の固まり。

美味しい食パンを販売するとき、味や鮮度についてはどのお店でも言います。でも、そのパンが、パン粉の素だといわれると、一気に「料理のイメージ」が膨らみませんか？　そしてイメージが膨らんだら、それだけで「感謝」の気持ちが芽生えるんです。1章でお話した「返報性」でしたね。これがまさに……それ。

法則⑨

ネガティブな言葉を使いこなす！

商売では、普通、ネガティブな言葉を使うことはしません。どんな反応があるか怖いし、慣れないからです。でも、今の時代、おかしなことをする企業も沢山あって、お客さんの猜疑心、つまり、疑う気持ちはピークに達しています。そんなとき、よいことばかりを並べても、信用されないんです。だとしたら、勇気を持って、ネガティブに映るかも知れないことも書いてみてはどうでしょうか?

好き嫌いをハッキリ言う

例

正直、私が好きな味ではありません。でも、10代のバイトの娘達は激ホメしてます。年の違いかな?

好みというのは、絶対ではありません。だから自信の無い場合もあります。でも、それを逆手にとって、自分とは異なるターゲットに刺さり込むことは可能です。

人の評価を使う

例

まだ使ってないので、ハッキリとは分かりません。でも、お客さんの10人中8人は、また買ってくれています。嬉しいです。

何度もお話ししていますが、自分から自分の扱う商品を褒めるのはタブーです。嫌らしいだけですから……。でもそこに、お客さんからの評価のような「客観的な要素」を入れると、俄然、信憑性が増すんです。

自信のなさを使う

例

自分の口から、「おいしい」とは言えません。だって、美味しいには個人差があるからです。でも、好き嫌いなら言えます。僕、コレ、大好きです。

「どこか美味しいラーメン屋、知りませんか?」と聞かれたとき、僕は「おいしいかどうかは個人差だから何とも言えないな。でも、僕が好きな店なら教えられるよ!」と言います。だってその通りだと思うからです。だから……こんな表現を使います。

一瞬、マイナスの言葉でドキッとさせる

例 もう無理です。やめられません。

もう無理です！　と言われたら、普通はネガティブな意味ですよね？　でも、ここでは「好きすぎてやめられない！」という意味で使っています。この表現、いろんな商品に使えるので試してみて下さい。

珍しいものの限定感をネガティブな言葉で

例 え？　これだけ？

特殊な機能とか、珍しい特徴を持つ商品の場合、「この機能を持っているのはこの商品だけ！」というケースがあります。だったら、「え？　これだけ？」と大胆に言い切ってしまいましょう。特殊性が際だちますよ。

欠品の理由を、自分のせいにする

例 **私のせいです!**

人気があって、売り切れ寸前の商品とか、欠品してしまった商品の場合、売り場にこのPOPをつけてください。「私がこの商品の人気を過小評価したばかりに、商品が足りなくなってしまいました。ごめんなさい!」と書く。この場合、大事なのは、「次の入荷予定」をハッキリと表示することです。

性別を限定する。(男性編)

例 **男性は絶対に買っちゃダメです。**

こう書かれると、男性の注目を浴びます。結果、買いたくなります。
私が実際にやってみたケースでは、コンビニの春雨スープなどがこれで売れました。
コラーゲンが含まれたドリンクなんかもそうですね。男性が結構、買っていくんです。

性別を限定する。（女性編）

例 女性は買わないでください！ 絶対に！

高額なドリンク剤がこのワンフレーズで売れました。とにかく人は、買うな！ と言われると買いたくなるし、見るなと言われれば見たくなる。鶴の恩返しにも出てくるとおり、天の邪鬼というか、覗き好きなんですね。そこを刺激するんです。

法則⑩

見慣れない文章で落とす！

文章は決して、オーソドックスである必要はありません。いえ、それどころか、見慣れない、常識を壊すような文章のほうが、結果、強かったりします。それを意識して、リズムとか言い回しの珍しい言葉を使ってみましょう。

文章の前後を入れ替えてみる

例 おいしさ、自然のまま！

自然のままのおいしさと書きたいところを、グッと我慢して「おいしさ自然のまま」と書いてみましょう。気持ちに刺さるリズムになったでしょう？

リズムを変える

例 苦いお茶、ウマイ！

普通は、「美味しい。でも、苦い。」みたいに書くのでしょうが、そこを前後入れ替えてみる。それだけで、独特の伝わり方をします。

ロングセラーは歴史を伝える

例 **昔から売ってます！**

ロングセラーだから当然なんですが、昔から売ってる商品には歴史があります。そのことを、単に「ロングセラー」と書くのではなく、「昔から売ってます！」と書いてみる。そのことによって、その商品に眼をつけたあなたの「視点」が尖って見えるんです。

パソコン文字風で見せる！

例 **コンニチハ。○○（商品名）デス。オイシクナリマシタ。**

こうしたコピーをパソコン文字で打つことで、「見慣れない文章」としてインパクトがでてきます。

電報風に見せる

例

今がこの○○の一番オイシイ時期。ぜひ味わってください。お客様のご多幸をお祈りいたします。店員一同。

どんな商品にも、実は「旬」があります。そしてその「旬」を語るのに、理屈、根拠ももちろん大事なんですが、それ以上に、「今が旬だよ!」ということをストレートに言うことも必要なんです。そんなとき、この電報風。文章自体が、今届いたという、「旬」を感じさせませんか?

先回り

例

家に帰ったら、すぐにお飲みください。ヌルくなります。あ、冷蔵庫にしまっても良いです。

飲み物にも美味しいタイミングがあります。そして、それは、その人が一番欲している時間です。そこを先回りして書いてあげるんです。

重要

「10の法則」をもっと活用する方法！

10の法則！
1つ1つ使っても、もちろんOK!

↓

でも、もっと重要なのは
組み合わせです。

この10の法則を組み合わせることで

「足し算」ではない、
「掛け算」の効果

が生まれます。

ぜひ、あなた流の組み合わせを
つくってください！

第6章

POPをさらに輝かせる「4つの見せ方」

1 いろんなデザインを試してみよう！

商品力をアップさせるデザインを考えよう

形が持つ効果は大きいです。形を変化させるだけで、目に飛び込んでくる印象がまったく違ってきますし、そこで受けた印象はそのまま、商品の印象へと変化していきます。

216ページで挙げた例を見てください。

ご覧の通り、書かれているコピーはすべて同じです。でも、まったく違った内容に見えませんか？

柔らかい感じ、真面目な感じ、お茶目な感じ、オシャレな感じ。

デザインというのはこれほどに、見た目の印象を変えてしまいます。

だとしたら、同じ言葉でもどんな「デザインを身に纏（まと）うか？」を考えてみないといけませんよね。

商品にマッチしたイメージでピッタリと合わせるか。あるいは逆に、商品のイメージとは異なった印象を与え、インパクトを重視するか？

いろいろなやり方が考えられますが、そこはあなたの腕次第です。言葉をさらに浮き立たせる「デザイン」にこだわってみてください。

デザインを変えると印象は大きく変わります！

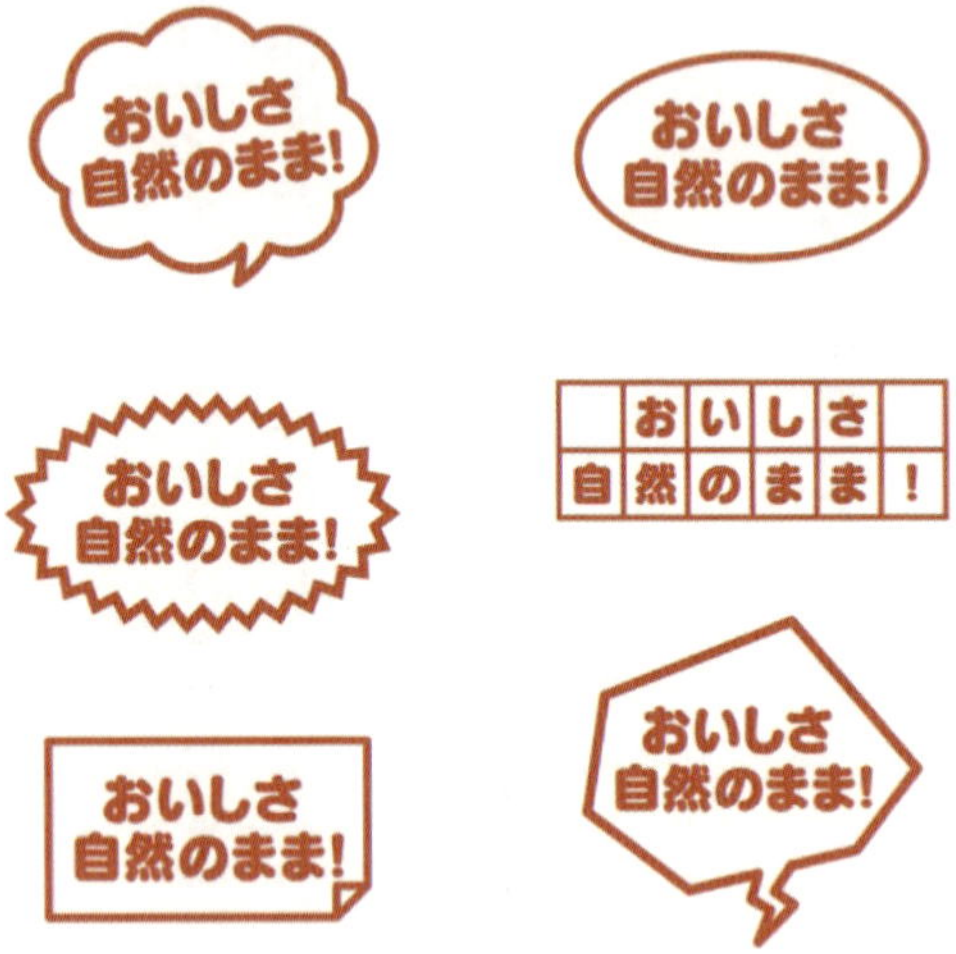

「おいしさ自然のまま！」というコピーは一緒ですが、ずいぶんイメージが変わると思います。いろんなデザインを試して、ベストなものを見つけてください！

2 色の効果を考えよう！

「商品イメージ」と「色」を合わせよう

色は絶大な影響力があります。

温かいイメージで捉えて欲しい商品には温かい色が似合います。特に「赤」「オレンジ」「黄色」などは「進出色」と呼ばれ、眼を引きつける効果があります。この本のカバーがまさにそれですね。


一方、クールなイメージで売りたい商品もありますよね？ そんな場合は、「青」「グレー」「銀」などが効果的で、キーンと冷えたイメージを感じさせてくれます。

ここで重要なことがあります。

それは、こうした色の使い方を間違うと、商品のイメージが大きくズレてしまう可能性があるということです。

仮に冷やし中華のＰＯＰにオレンジとかがメインに使われていたらどうでしょう？夏場に食べたい商品ではなくなってしまいますよね？

もちろん、しっかりした「意図」があって、冷たい系の商品に赤やオレンジや黄色を使い、または温かい系の商品に青とかグレーや銀を使うということもあってよいとは思います。ですが原則は「感じて欲しいイメージに合ったＰＯＰの色」を心がけるようにしてくださいね。

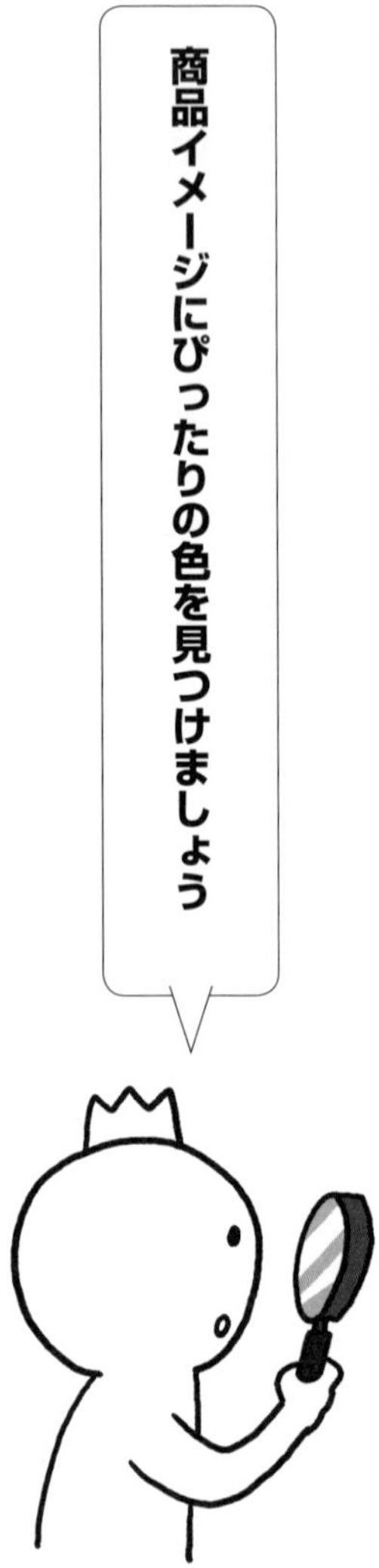
商品イメージにぴったりの色を見つけましょう

色の使い方ひとつで、印象は大きく変わります！

まずは、
「赤」「オレンジ」「黄色」といった暖色と、
「青」「グレー」「銀」といった寒色を使いわけられるようにしましょう！

3 置く場所を工夫してみよう

3つのポイントで、置く場所を工夫する

「POPは、それがどの場所に置かれるか！」で、果たす効果が変わってきます。
特に重要なのは、「高さ」、「商品との位置関係」、「角度」です。

「高さ」とは、「どの高さに置くか？」という問題です。

ただ、商品が陳列されている場所が前提なので、一概には「こうしろ！」とは言えませんが、考えるべきポイントは共通しています。

たとえば、高齢者向けの商品なら、高齢者の方はどうしても身長が低い。だとしたら、目線は一般的な高さよりも少しは下がる。その目線の場所にPOPがあったほうが効果的なわけです。ですから、「誰に買って欲しいか？」「気づいて欲しいのか？」

という観点で高さを決めて欲しいんです。

次に「位置関係」。

これもとっても大事です。商品の右斜め上に貼るのか、下側に「棚帯」のように貼るのかによってもアイキャッチ力は大きく違ってきます。少し低めの位置に置かれている商品なら、POPを高めの位置に置いて、商品に誘導する。高い場所にある商品なら、低い位置にPOPを掲出して高い場所の商品に誘導する。そうした配慮を忘れないでください。

最後に「角度」。

これはどういう意味かというと、通常、POPというのは棚の面に対して平行に貼られます。それを棚と直角、お客さんの歩く方向に立ちはだかるように置くという方法です。もちろん、すべてのPOPがそんな風に貼られていたら、それは邪魔かもしれません。でも、ポイントを絞ってこれをやると絶大な効果があるんです。一度考えてみてください。

4 書体の変化でこんなに変わる！

「細い書体」と「太い書体」、こんなに違うんです

書体も実に大きな役割を果たします。

224ページの例に挙げたように、細い書体と太い書体では受ける印象がまったく異なってきます。

男っぽい商品に細い書体を使えば、何となく頼りなく見えてしまうものですし、逆に女性向けのフェミニンな商品に、しっかりしたごつい書体を使ったのでは、それはそれでミスマッチな印象は免れません。

それから書体には実にいろいろな種類、バリエーションがあります。

とても自己主張が強いもの、頼りなげに見えるもの。

ポップで可愛いもの。実にさまざまです。

これまでは、POP文字というものがあって、POPってなんとなくこんな書体を使わないといけないんじゃないかという感じがありました。

でも今は確実に違います。


「商品に合わせるのか？」「あえてハズしたイメージにするのか？」、考え方はさまざまですが、POPの言葉の威力を最大化するための大きな要素のひとつが書体なんですね。あなたも、書体を工夫して書体名人を目指してみてはいかがですか？

細い書体の場合

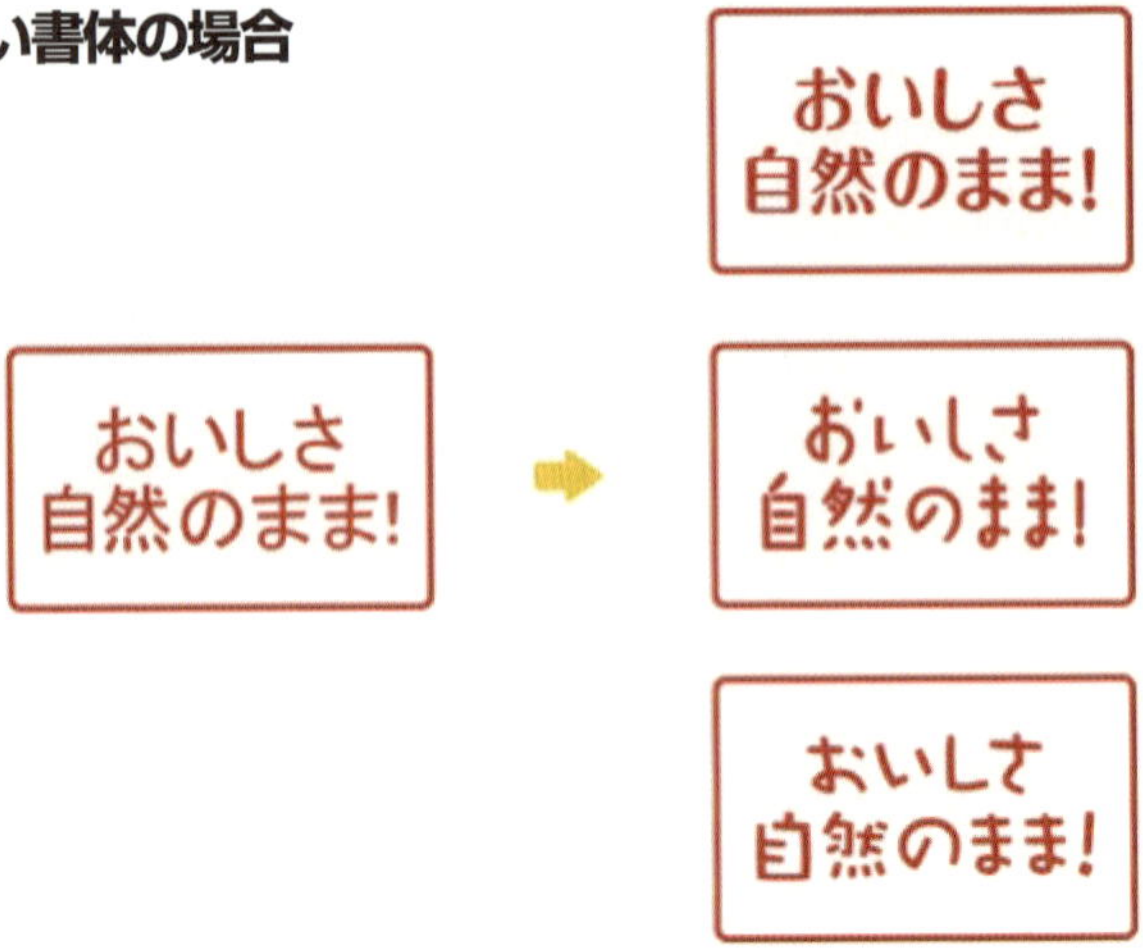
おいしさ
自然のまま！
おいしさ
自然のまま！
おいしさ
自然のまま！
おいしさ
自然のまま！

太い書体の場合

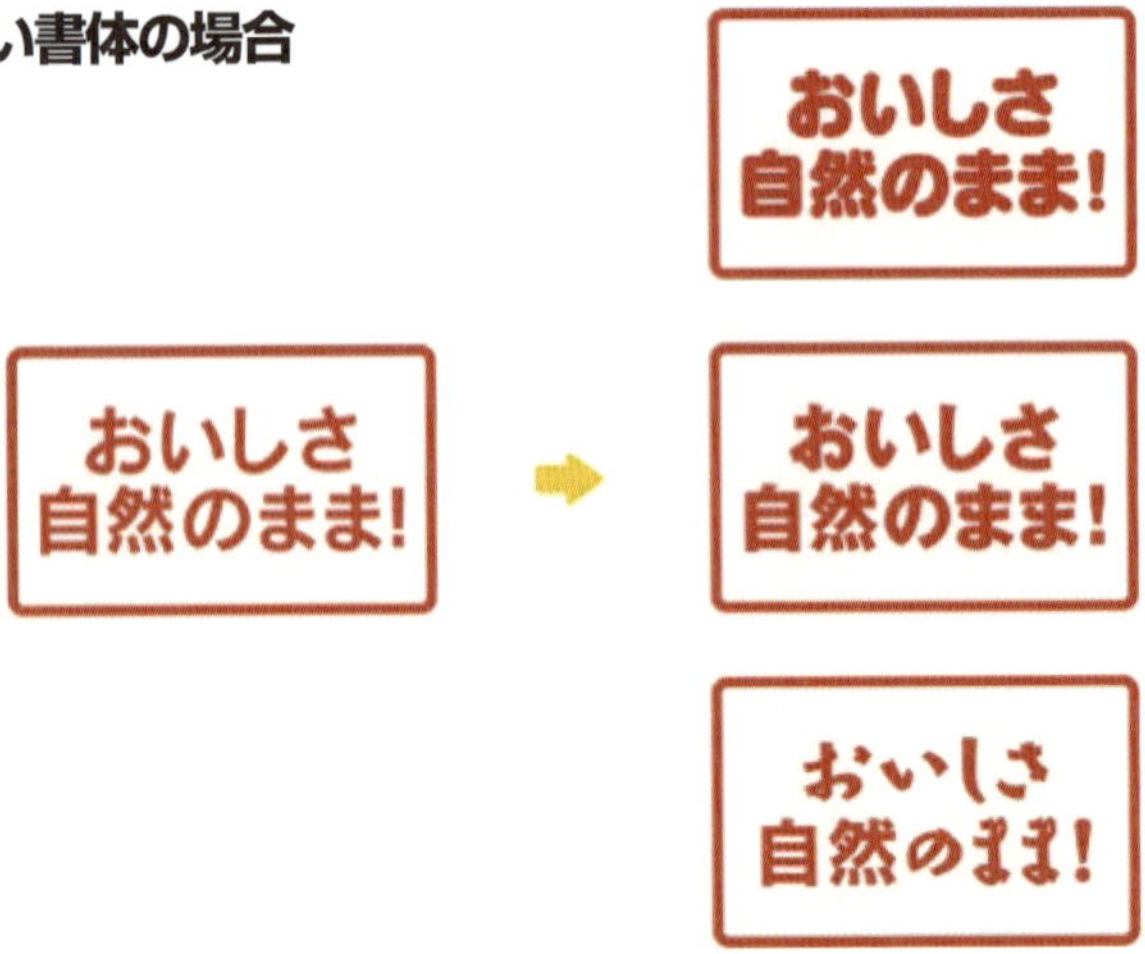
おいしさ
自然のまま！
おいしさ
自然のまま！
おいしさ
自然のまま！
おいしさ
自然のまま！

付録

5ステップで楽しくつくれる！「バカ売れPOP」のコピーの書き方

こんにちは、中山マコトです。

マーケティング、販売促進、コピーライティング、市場調査……。いろんな仕事をやっています。そんな中で、人の気持ちを動かす「バカ売れPOP」のコピーの書き方についてもずっと研究してきました。その辺りの詳しいことは、僕の著書、『バカ売れキャッチコピーが面白いほど書ける本』『バカ売れキラーコピーが面白いほど書ける本』（共に中経出版）に解説しています。

ですが、「そんな勉強をしている時間すらない……」とおっしゃる、忙しいあなたのために、**簡単にできる「POPコピー術」**を考えてみました。

人は「気持ち」で動きます。ですから、本来であれば、「心理学的側面」からのアプローチや僕が提唱している「キキダス・マーケティング」を使った、「人から訊き出す」方法などをぜひ身につけていただきたいのは山々です。

でも、なかなかそれができない状況もあるでしょう。

ということで、今回は**「パソコン」か「辞書」があれば、誰でも簡単につくれる**

「POPコピー」の書き方をお教えします。

先ほどもお話ししましたが、これはあくまでも簡便法。理想の方法では無いことを理解していただき、その上で使ってみてください。ですが、充分な成果をあなたに提供します。

ものすごく簡単にコピーがつくれちゃいます。
ぜひ試してください！

楽しくつくれる「5つのステップ」

今回お教えするのは「インターネット」か「辞書」を使って、誰でも簡単に、「POPコピー」を書く方法です。

誰でも、本当に誰でもできるようになっているので、もしあなた自身が「時間がない！」とか「パソコン（インターネット）が苦手！」というのであれば、アルバイトの方とかにやってもらって下さい。

あなたはそれをチェックするだけでよいんです。

以下、具体的な手順です。

STEP・1 対象商品（サービス…メニュー）を選ぶ！

まずはあなたが「売らなければいけない商品、サービス、メニューなど」を決めて下さい。

STEP●2

言葉のチョイス。

あなたが売りたいものが、具体的な商品であれば、パッケージに記載されている言葉の中から、気になる言葉を選び出します。

例：ヘルシア緑茶の場合、

↓カテキン

あなたが売りたいものがサービスであれば、そのサービスを構成する言葉を沢山挙げて下さい。

例：クリーニング店の場合、

↓ドライ

STEP・3 **関連ワードを探す。**

その言葉を「インターネット」で検索する。
（インターネットがどうしても使えない場合は、辞書でもかまいません。）

⬇

STEP・4 **フレーズ探し**

いろんなサイト、資料から、「これは面白い！」と感じたフレーズを抜き出す。

例：ヘルシア緑茶の場合、

「$C_{15}H_{14}O_6$」や「マメ科アカシア属」や「カテキューイン」などです。

「ドライ」の場合、

「水を使って行なう洗濯に比べ、あぶら（油脂系）汚れをよく落とし、また衣類の伸縮が生じにくいという利点を持つ」というフレーズや、

「オイルの染み」というキーワードが出てきます。

⬅

STEP・5

コピーにする。

ヘルシア緑茶のコピーをつくってみる

ここからは僕の著書、
『バカ売れキャッチコピーが面白いほど書ける本』（中経出版）に解説している「キャッチコピー10の法則！」を使います。

以下、実際のキーワードを使って解説してみましたので、あなたもやってみてください。

①そのまま使う！

カテキンの分子式は$C_{15}H_{14}O_6$です。

②最後に「?」をつける。

$C_{15}H_{14}O_6$?

③くっつける！

マメ科アカシア属カテキューイン

④縮める！

マメカテ

⑤言い切る！

該当無し。

⑥独り言にする！

$C_{15}H_{14}O_6$だって。

⑦現場レポート風に！

カテキンの分子式が$C_{15}H_{14}O_6$であることが判明しました。

⑧「つまりね……」と言い換える！

つまりね、$C_{15}H_{14}O_6$なわけよ。

⑨シャレ！

勝て！　金！（↑週末などに使うとＯＫ。あるいはオリンピックシーズンもありですね。）

⑩使ったあとの感動や効果を書く！

該当無し。

ドライクリーニングのコピーをつくってみる

それではもうひとつ、ドライクリーニングでやってみましょう。

①そのまま使う！

「ドライクリーニング豆知識」

ドライクリーニングは、水を使って行なう洗濯に比べ、あぶら（油脂系）汚れをよく落とし、また衣類の伸縮が生じにくいという利点を持っています。

②最後に「？」をつける。

ドライクリーニング？
オイルの染み？

③くっつける！

該当無し！

④縮める！

ドラクリ。

⑤言い切る！

オイルの染みが落ちるんですよ！

⑥独り言にする！

オイルの染みだってさ……。

⑦現場レポート風に！

このドライクリーニング、まさにオイルの染みまで落としてしまうんです。

⑧「つまりね……」と言い換える！

つまりね、オイルの染みまで落としてしまうのが、ドライクリーニングなんです。

⑨シャレ！

どら！　いいね～～。だから、ドライ！

⑩使ったあとの感動や効果を書く！

無理かな？　と思っていた油の染みがキレイに落ちて、驚いていいます。

このやり方を使えば、ＰＯＰのコピーなんて、無限に書けるんです。ぜひ、チャレンジしてみてくださいね。

いかがでしたか？
「5つのステップ」で一度考えてみてくださいね。

おわりに

ＰＯＰ……アルファベットたった3文字のこの言葉は、深いです。広いです。

そして、とっても重要です。本文でも何度も書きましたが、ＰＯＰは、お客さんと商品、そしてお店を繋ぐ大事な大事な結節点です。

つまり、「お見合いのコーディネーター」なんです。


お見合いのコーディネーターを果たすには、それぞれの候補者について深く知ることが大事です。相手のことを知り、惚れ込まなければ、上手なコーディネートはできませんし、おつき合い、結婚へと繋がることなんてあり得ないでしょう。

「商品を知り、お客さんを思い、どうすれば、何を伝えれば、最適なお見合いが実現するか?」

そこをいつも考えてください。

あなたの「コトバ」が、お客さんにとって、最高のお見合いを実現するんです。

商品は、いつも自分を理解し、愛してくれるお客さんに選ばれる日を待っています。
その最適な出会い、ベストなお見合いを実現するのは、あなたが書くＰＯＰです。

パッと見て、
オ～！となって、
ピンときて、買っちゃう！

こんなお見合い力に満ち満ちたＰＯＰが、あなたのお店に溢れることを願っています。

中山マコト

【著者紹介】

中山　マコト（なかやま・まこと）

「一行で売る！　言葉のマエストロ」として、「狙って売る！　マーケティング」の企画・実践を行なう。「売れるヒントは人から訊き出せ！」を人生訓に、独自のインタビュー術を駆使し、人の心を動かす企画を考案し、大きな実績を上げ続けている。

市場調査会社に入社後、マーケティング、販売促進、広告制作に携わり、小売業、飲食業、サービス業などの売り上げ強化に手腕を発揮する。コンビニエンスストア・チェーンでの「お客を立ち止まらせるPOP」、量販店での「お客を呼ぶ売り場づくり」などにおいて、通常の２倍、３倍の売り上げアップを連発！

ここ数年はダイヤモンド・プロジェクトという「キャッチフレーズで人生を変える！　プロジェクト」を主宰。多くの才能を輩出するサポートをしている。

著書に『「バカ売れ」キャッチコピーが面白いほど書ける本』、『「バカ売れ」キラーコピーが面白いほど書ける本』（KADOKAWA 中経出版）、『「バカウケ」キャッチフレーズで、仕事が10倍うまくいく』（学習研究社）など著書多数。

本書の内容に関するお問い合わせ先
中経出版BC編集部　電　話　03(3262)2124

「バカ売れ」POPが面白いほど書ける本　（検印省略）

2009年12月12日　第1刷発行
2014年2月28日　第9刷発行

著　者　中山　マコト（なかやま　まこと）
発行者　川金　正法

発行所　株式会社KADOKAWA
〒102-8177　東京都千代田区富士見2-13-3
03-3238-8521（営業）
http://www.kadokawa.co.jp
編　集　中経出版
〒102-0083　東京都千代田区麹町3-2 相互麹町第一ビル
03-3262-2124（編集）
http://www.chukei.co.jp

落丁・乱丁本はご面倒でも、下記KADOKAWA読者係にお送りください。

送料は小社負担でお取り替えいたします。

古書店で購入したものについては、お取り替えできません。

電話049-259-1100（9：00〜17：00／土日、祝日、年末年始を除く）

〒354-0041　埼玉県入間郡三芳町藤久保550-1

DTP／デジカル　印刷・製本／図書印刷

ISBN978-4-04-602696-5　C2034